세 대
다양성
경 영

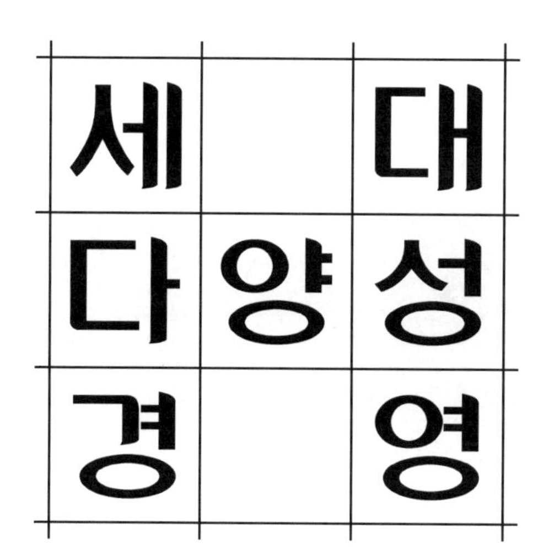

고진수 지음

프롤로그

전 세계의 대다수 오케스트라에서 가장 중요한 인물은 '마에스트로'라 불리는 지휘자다. 한 작품을 연주하는 데 있어 지휘자의 음악적 선택과 취향은 그 오케스트라의 색깔을 결정하는 데에 거의 절대적 영향을 준다. 이러한 결정적인 역할을 하는 지휘자가 존재하지 않는 오케스트라가 있을까? 있다. 바로 오르페우스 챔버 오케스트라(Orpheus Chamber Orchestra)다.

1972년에 창단된 오르페우스 챔버 오케스트라는 뉴욕에 기반을 둔 클래식 음악 오케스트라이다. 그래미상을 받은 'Shadow Dances: Stravinsky Miniatures'를 포함한 수많은 앨범과 오리지널 작품으로 알려져 있다. 그들은 지휘자가 없는 오케스트라로, 소통과 조정을 통한 음악 만들기(music-making)를 통해 클래식 음악의 새로운 지평을 열어가고 있다. 결과보다 과정을, 효율성보다 참여를 중요시하는 오르페우스의 정신은 음악계는 물론 우리 모두에게 새로운 화두를 던진다.

오르페우스 챔버 오케스트라는 34명의 모든 단원이 작품을 선정하는 과정에서부터 참여한다. 그렇다고 모든 단원이 다 같이 목소리를 내는 것은 아니다. 작품마다 한 명의 악장과 파트별 리더를 정해 핵심 멤버 리허설(core rehearsal)을 하면서 작품에 대해 논의한다. 작품마다 핵심 멤버가 바뀌기 때문에 연주자들은 돌아가며 리더십 역할을 맡게 된다. 한 작품의 악장이 다음 작품에서 맨 뒷

자리에 앉기도 한다. 핵심 멤버가 소그룹에서 대화를 나누며 이끌어 낸 아이디어들은 전체 멤버와 함께 리허설(full orchestra rehearsal)을 하며 더욱 풍성해진다.

지금 우리 사회 대다수의 조직에는 5개 세대가 함께 하고 있다. 전통주의 세대, 베이비부머 세대, X세대, 밀레니얼 세대, Z세대가 그들이다. 그들은 세대별로 상당히 다른 환경에서 자랐고, 그만큼 서로 다른 특성을 지녔다. 그래서 과연 하나의 팀을 이루어 그 안에서 조화롭게 공존할 수 있을까 하는 걱정이 든다.

편견은 다름을 인정하지 않을 때 독버섯처럼 자란다. 서로 편을 가르고 나아가 혐오를 일삼는다. 그러다가 티핑 포인트(Tipping Point)를 넘어서면 걷잡을 수 없는 소용돌이에 빠진다. 세대 간 갈등에서 우리가 가장 경계해야 할 극단적인 경우다.

지금 우리 사회는 다양성과 포용성(Diversity & Inclusion)에 대한 논의가 미진하기만 하다. 그 논의는 성, 인종, 나이, 세대, 지역 등 다양성을 인정하고 취약계층의 포용성을 높이는 제도와 관행을 조성하는 것이다. 또 차별적 관행을 걷어내고 공존의 토대를 만든다. 그러한 조직은 인재를 끌어모으고, 고객 기반을 넓히며, 더 많은 혁신에 박차를 가하여 모두에게 더 나은 삶의 질을 제공할 수 있다. 이제 우리나라 기업들도 세대를 중심축으로 한 다양성과 포용성 논의를 본격화하고 그것을 정착시키기 위한 노력에 박차를 기해야 한다.

우리는 숲속을 걷다가 잠시 앉아 쉴 때 나무들 틈새로 하늘을 쳐다볼 수 있다. 그때 우리는 그전에는 전혀 생각해 보지 못했던 의미를 찾아내는 경우가 가끔 있다. 많은 나무의 가지에서 뻗은 수많은 잎이 서로 겹치지 않고 하늘을 공유하고 있음을 알게 된다.

그래야 모든 잎이 햇빛을 좇아 그들의 생명력을 유지할 수 있다. 다양한 세대들이 모여서 함께 어울리는 모든 조직에서도 이런 모습들이 싹튼다면 더할 나위 없을 것이다. 나아가 오르페우스 챔버 오케스트라처럼 과정 지향적 참여 조직으로 거듭난다면 달콤한 성과도 기대해볼 수 있지 않을까?

이 책은 그 기초에 관한 첫 번째 이야기다.

목차

제1장

세대의 이해와 세대 다양성 경영

1. 세대의 이해

1.1. 세대의 구분과 세대별 특성

◆ 세대의 구분

일반적으로 각 세대의 구성원들은 비슷한 가치와 관심사를 가진 특정 범주에 속하지만, 개인의 태도 · 선호 · 특성은 다를 수 있다. 그래서 어떤 집단을 고정관념화하는 것은 위험하다. 그럼에도 불구하고, 넓은 관점에서 각 세대를 이해하면 각 구성원과 함께 생산적으로 일하는 것이 더 쉬워질 수 있다.

세대(generation)란 생각 · 태도 · 가치관 · 신념 · 행동에 영향을 미치는 공통된 지식과 경험을 공유하는 동시대에 태어나 사는 개인들의 집단으로 정의된다.[1]

비록 한 세대가 끝나고 다른 세대가 시작되는 시기에 관한 합의는 존재하지 않지만, 전문가들은 같은 시대에 성장한 개인이 유사한 특성과 핵심가치를 형성한 사회적 · 역사적 사건을 경험했다고 동의한다. 〈표 1-1〉은 미국

각 세대에 영향을 준 역사적 · 사회적 사건 중 일부를 보여준다.[2]

〈표 1-1〉 미국의 세대별 역사적 · 사회적 사건

전통주의세대	베이비붐 세대	X세대	Y세대
대공황	민권 운동	여성 해방 운동	사막의 폭풍 작전
제2차 세계대전	베트남 전쟁	최초의 PC 등장	오클라호마 폭탄테러
진주만	냉전	에이즈	O.J.심슨 재판
디데이	암스트롱의 달착륙	챌린저호 참사	다이애나비의 죽음
한국 전쟁	우드스톡	베를린 장벽 붕괴	인터넷 등 디지털 시대
라디오의 황금시대	텔레비전 지배	로드니킹 구타 사건	9월 11일 테러
노동조합의 부상	매스컴		

물론 전통주의세대, 베이비붐 세대, X세대, Y세대, Z세대 등 특정 세대의 개인은 집단 전체의 특징 중 일부 또는 전부를 나타내지 않을 수 있다는 점에 유의해야 한다.[3] 또한, 특정 세대의 개인들은 그들의 커리어가 발전함에 따라 직전 기성세대의 특징을 보이기 시작할지도 모른다.

◆ 세대별 특징

세대의 이름과 출생 범위는 다소 임의적이라 국가(지역)나 사용모형 등에 따라 다를 수 있다. 그러나 대체로 현재 사업장에 존재하는 세대는 5개 세대(전통주의세대, 베이비붐 세대, X세대, Y세대, Z세대)가 있다.[4] 이제 각 세대의 특징에 대해 구체적으로 살펴보자.[5]

① 전통주의세대

전통주의세대는 침묵세대(silent generation) 또는 베테랑(Veterans)으로도 불린다. 미국의 전통세대는 1946년 이전에 태어난 세대이다.[6] 우리나라는 방하남(2011)과 황수경(2012), 정경희 외(2010), 박시내 외(2010)에 따르면 그들은 1954년 이전에 태어났다.

이 세대 사람들은 대공황 동안 성장했고, 제2차 세계대전에 직접 참전하였거나 그 시기에 어린 시절을 보냈다. 전쟁과 경제의 고난은 가족, 종교, 일 등에 대한 가치와 의견에 깊은 영향을 미쳤다. 예를 들어, 미국 전통세대들은 뉴딜정책 기간 동안 대공황을 극복하기 위해 기업과 정부가 협력하는 것을 목격했기 때문에 투철한 애국심과 시민 정신을 가지고 있다. 또, 제한된 물자로 인하여 늘 궁핍한 가운데 검소하게 살았고, 열심히 일하고 일관성을 선호하는 경향이 있었다. 충성스럽고 규율성이 있고 청렴성과 희생심을 중시한다.

비록 일부 전통주의세대들은 훈련에 덜 몰두하지만, 그들은 일을 우선시하고 팀플레이를 당연시한다.[7] 그들은 고용주에게 충성한다. 그리고 승진, 인정은 재직기간과 연공서열에 기초해야 한다고 믿는다. 그들은 시간 엄수와 생산성 향상을 위해 철저하나, 새로운 기술을 습득해 사용하는 것에 대해서는 소극적이다. 대부분의 전통주의세대는 은퇴해 미국의 경우 현재 노동력의 2%에 불과하다.

② 베이비붐 세대

미국 베이비붐 세대는 1946년~1964년 사이에 태어난 세대이다. 1946년과 1955년 사이에 태어난 사람들은 전기 베이비부머, 1955년과 1964년 사이에 태어난 사람들은 후기 베이비부머라고 불린다.[8] 우리나라는 방하남(2011)과 황수경(2012), 정경희 외(2010), 박시내 외(2010)에 따르면, 1955년~1963년에 태어났다.

이 세대의 구성원들은 냉전 시대와 베트남 전쟁을 겪으면서 살았지만, 비교적 안정된 가정과 경제적 번영 속에서 성장했다. 베이비붐 세대의 젊은이들은 전통주의 세대들이 이용할 수 없는 기회들을 경험했다. 그들은 전형적으로 가족 중 첫 번째로 대학을 졸업한 사람들로서 그들의 교육은 상승 이동으로 이어졌다.

베이비부머들은 가장 많은 인구수를 가지고 있기 때문에, 또래들과 협력할 필요가 있었다. 그래서 이 세대는 팀워크와 관계 형성 기술을 모두 갖고 있다. 일반적으로 그들은 매우 열심히 일하고 직업적인 목표에 전념한다. 또, 그들은 낙관적이고, 친근하며, 강한 직업윤리 의식을 가지고 있다.[9]

그들은 이전 세대보다 더 길게 일을 하고, 지속적인 학습과 성장이 성공으로 이어진다고 믿는다. 그들은 기여한 만큼 인정받기를 원한다.

③ X세대

X세대는 버스터(busters), 잃어버린 세대(the lost generation), 13세대(13ers)라고도 불린다. 버스터는 출생률이 베이비부머보다 더 낮았기 때문에 생긴 말이고, 잃어버린 세대는 현관 열쇠 아이들(부모의 감독을 거의 받지 않은 채 집에 남겨진 아이들)과 탁아소와 이혼에 노출된 아이들의 첫 세대이기 때문에 생긴 말이다. 미국에서는 1965년과 1980년 사이에 태어났다.[10] 우리나라는 이영민 · 임정연(2014)에 따르면, 1964년~1979년에 태어났다.

X세대의 부모들은 대부분 개인적 만족, 권위, 지위에 의해 움직이는 일 중독을 가진 세대였다. 일부의 경우에 그들의 업무 습관은 가난한 가정생활, 가정 파탄, 그리고 부모 부재에서 초래되었다. 의미 있는 가족 관계의 부족이 X세대가 친구들과 동료들과 유대감을 형성함으로써 비전통적 가족을 만들게 하였다. 그래서 X세대 구성원들이 일과 가정생활의 균형을 유지하고 임금이나 직위를 위해 긴 시간 동안 일하지 않으려는 것은 놀라운 일이 아니다.

일반적으로 그들은 고용주에게 덜 충실하고 유연한 근무를 요구하는 편이다. 그들은 직업적인 일이 그들이 성취하고자 하는 삶의 질 중 일부에만 기여한다는 것을 인정한다.

X세대는 때때로 냉소적이고, 권위에 의문을 제기하며, 일에 대한 직접적인 감독을 싫어한다. 그들은 독립적이고 자립적이며 비공식적인 성향이 있어서, 감독 없이 작업을 완료하는 것을 선호한다. 그러나 공동의 목표를 달성하기 위해 동료들과 함께 일을 한다. 그들은 변화를 기대하고 수용하며 기술적으로 정통한 편이다.

④ Y세대

Y세대는 밀레니얼 세대(millennial generation), 그리고 넥스트 세대(next generation)라고도 불린다. 미국에서는 1981년과 2000년 사이에 태어났다.[11] 우리나라는 홍기영(2019)과 대한상의(2019)에 따르면 1980년~1994년에 태어났다.

컴퓨터, 휴대폰, 태블릿 등 전자기기들을 사용하며 자라온 Y세대는 기술적으로 매우 능숙하고 인터넷에 잘 연결되어 있다. 그들은 학교폭력, 마약 등 위험에 극도로 조심하는 부모들의 보호를 받으며 성장했다. 부모와 자녀 사이의 긴밀한 상호작용은 '헬리콥터 부모'라는 용어를 만들어 낼 정도이다. 일반적으로 Y세대는 X세대보다 덜 독립적이고 더 공동체 지향적이다.

이 세대는 임금에 의해 동기부여를 받으며 고용주들로부터 검증과 소속감을 느끼기 위한 칭찬과 지원을 원한다. 그리고 개인적인 삶과 일 사이의 균형을 추구하면서 더 사교적이고 자신감이 있는 경향이 있다. 쉽게 지루해하고 참을성이 없으며, 다양한 진로를 가진 많은 직업에 종사한다. 그들은 기술과 학습을 잘 수용하는 경향이 있다.[12]

⑤ Z세대

Z세대는 포스트밀레니얼 세대(postmillennials)(Fry and Parker, 2018), 아이젠(iGen)(Twenge, 2018), 홈랜드 세대(Homelanders)(Howe and Strauss, 2007)라고도 불린다. 미국에서는 1996년에서 2010년 사이에 태어난 세대이다. 우리나라는 홍기영(2019)과 대한상의(2019)에 따르면 1995년 이후에 태어났다.

Z세대는 어렸을 때 미국 무역센터 테러, 학교 총기 난사, 서브프라임모기지 사태, 기후변화 등 지워지지 않는 영향을 준 큰 사건들을 경험했다.[13]

그들은 전업주부 7명 중 1명이 아버지인 새로운 가정시대에 태어났다. 그들은 3개 세대(베이비부머, X세대, 밀레니얼 세대) 부모를 둔 첫 세대이기도 하다. 베이비부머의 이혼과 재혼, X세대의 결혼 지연, 미혼 부모의 확산으로 인해, 그들은 전통적인 핵가족에 대해 매우 친숙하다.

그들은 인터넷 탄생 즈음에 태어났다. 삶의 모든 측면에 기술이 내재되어 있지 않은 세계를 알지 못한다. 그들은 기술적으로 재빠르고 번개처럼 빠른 속도로 의사소통을 할 수 있다.

Z세대의 부모들은 여러 번의 불황을 겪으며 높은 실업률을 체험하며 살아왔고, 평생동안 대출을 얻었으며, 경력 단절을 경험했다. 이에 반해 Z세대는 현실적인 세대가 되고 있다. 대처 기술과 지략을 배워서 실용적이고 특정한 강점을 추구한다(밀레니얼 세대와 달리 그들은 모든 것이 가능하다고 믿고 있다).

이제 Z세대가 학교를 졸업하고 사회생활에 진입하고 있다.

⑥ 요약

지금까지 살펴본 바와 같이 현재 사업장에 존재하는 5개 세대는 지배적인 개인적 특성, 가치관, 일에 대한 접근법 등에 의해 구분된다〈표 1-2〉.

〈표 1-2〉 현존 사업장 내 5개 세대의 특징

업무 접근법

세대	특성
전통주의세대 (Silent Generation)	그들은 열심히 일한다. 왜냐하면, 그것이 옳기 때문이다. 그들은 그들의 경험과 지식이 고려될 때 감사한다. 사회 보장이 중요하다.
베이비붐세대 (Baby Boom Generation)	그들은 열심히 일한다. 왜냐하면, 그것만이 무언가를 성취할 수 있는 유일한 방법이기 때문이다. 그들은 근로 윤리에 따라 일을 하기 때문에 초과 근무를 할 수 있다. 그들은 일을 인생의 의미 있는 부분으로 여긴다.
X세대 (Generation X)	그들은 열심히 일한다면, 좋은 삶을 살고 즐겁게 지낼 것이라 생각한다. 관리자의 권한이 중요하다. 그들은 협력하는 경향이 있고, 그들의 장점에 따라 평가받기를 원한다.
Y세대 (Millennial generation)	그들은 열심히 일할 수 있지만, 그것이 의미 있는 작업일 경우에만 가능하다. 그들은 모범 사례를 공유하는 것에 감사한다. 그들은 지속적인 피드백을 기대한다.
Z세대 (Homeland generation)	일은 삶의 영역과 사회적 책임 사이의 조화와 관련이 있다. 작업은 표면적으로 수행된다. 그들은 직장에서 사회적으로 상호작용하는 경향이 있다.

조직 우호 측면

세대	특성
전통주의세대 (Silent Generation)	회사 및 조직 시스템에 충실하며, 성과를 달성하기 위해 개인적인 노력을 기울인다. 안정적이다.
베이비붐세대 (Baby Boom Generation)	목표를 추구하기 위해 동기부여가 되고, 팀워크를 선호한다. 좋은 상호관계가 중요하다. 그들은 낙관적이고, 개인의 발전을 중요시한다.
X세대 (Generation X)	커리어를 추구하는 경향이 있다. 기업가 정신과 독립성이 특징이다. 그것들은 유연하고, 창조적인 과정을 가치 있게 여기며, 새로운 기술에 쉽게 적응한다.
Y세대 (Millennial generation)	상황을 현실적으로 평가하고, 멀티태스킹, 주의력과 집중력을 관리하려 한다. 기술적으로 쉽게 적응한다.
Z세대 (Homeland generation)	뛰어난 기술을 통해 지식과 혁신, 모바일 및 글로벌 사고방식을 쉽게 습득할 수 있다.

조직 비우호 측면

세대	특성
전통주의세대 (Silent Generation)	기술과 지식 부족으로 혁신 및 구조 변화에 어렵게 적응한다. 명확한 절차에 따라 수행되는 작업을 선호한다. 창의력은 상대적으로 낮다.
베이비붐세대 (Baby Boom Generation)	변화하는 기술에 적응하고, 결과에 집중하기보다는 프로세스에 관심을 두는 것이 어렵다.
X세대 (Generation X)	비판 경향이 있고, 자존감이 부족하다. 프로세스보다는 결과가 더 중요하다. 성격이 급하고 다소 융통성이 없다.
Y세대 (Millennial generation)	일보다는 그들의 복지에 집중한다. 명확한 구조가 필요하고, 수행하는 작업의 편익과 예상결과를 알고 싶다. 종종 그들의 일터를 바꾸는 경향이 있다.
Z세대 (Homeland generation)	종종 경험과 기술이 부족한 경력 사다리를 빨리 오르고 싶어 한다. 이미 존재하는 작업 패턴을 복사하는 경향이 있다. 너무 자신만만하다.

지배적 개인특성과 가치

세대	특성
전통주의세대 (Silent Generation)	헌신, 의무, 규칙 엄수, 공손함, 겸손함, 인내심, 감정표현에 대한 자제력, 적응력
베이비붐세대 (Baby Boom Generation)	이상주의, 나무랄 데 없는 이미지, 낙천주의, 팀워크, 자기계발, 자기표현, 숙달, 웅변
X세대 (Generation X)	변화에 대한 준비, 기업가 정신, 글로벌 사고, 기술 소양, 개인주의, 평생학습, 프라이버시, 실용주의
Y세대 (Millennial generation)	낙관주의, 자신감, 높은 자존감, 인터넷 중독, 국제주의, 순진함, 기술적 독창성, 다재다능
Z세대 (Homeland generation)	주의력 부족, 멀티태스킹, 창의력, 권위 무시, 기술적 독창성, 관용

워킹 스타일

세대	특성
전통주의세대 (Silent Generation)	직장에서의 절차와 공정한 처우가 중요하다. 주어진 임무를 적절하게 수행하되, 혁신의 창출에 어려움을 겪는다. 팀워크를 좋아한다.

세대	특성
베이비붐세대 (Baby Boom Generation)	공동체의 일원이 되고 싶고, 그들의 개인적인 관계를 비밀로 유지하는 경향이 있다. 지식을 원하는 목표를 달성하기 위한 수단으로 간주한다. 동료들과의 협력은 중요하다.
X세대 (Generation X)	품질과 개인의 자유를 높이 평가한다. 유연한 근무시간과 근무 스타일을 선호한다. 그들은 인정받기를 중요시한다.
Y세대 (Millennial generation)	직장에서 끊임없이 영감을 찾고 창조하기를 좋아한다. 계층구조를 싫어하고, 독립적이고 구속력이 없는 작업환경을 선호한다.
Z세대 (Homeland generation)	빠른 학습을 촉진하는 작업 활동에 주의를 집중한다. 많은 양의 정보를 처리할 수 있기 때문에 멀티태스킹이 가능하다.

모티베이션

세대	특성
전통주의세대 (Silent Generation)	급여 수준과 협력, 고용주의 평가에 의해 동기부여
베이비붐세대 (Baby Boom Generation)	직장에서의 보안 및 사회적 편익을 중요시한다. 급여에 의해 동기부여
X세대 (Generation X)	일과 삶의 균형이 중요하다. 물질적 보상에 의해 동기부여
Y세대 (Millennial generation)	인정과 칭찬은 중요하다. 교육, 개발 및 학습기회, 직장 분위기 등에 의해 동기부여
Z세대 (Homeland generation)	혁신적인 시장 및 기술 지식, 이동성 기회의 획득에 의해 동기부여 재정적 보상에 의해서만 동기부여

로열티

세대	특성
전통주의세대 (Silent Generation)	충성적이다. 최종 목표 달성 성향 그들이 감사를 느끼면, 장기적으로 현재의 위치를 유지하게 된다.
베이비붐세대 (Baby Boom Generation)	충성적이다. 작업장을 자주 바꾸는 경향은 없다. 그들이 속한 조직을 중히 여긴다. 커리어를 추구하다.

세대	특성
X세대 (Generation X)	충성스럽지 않지만, 안정을 선호한다. 그들은 커리어를 추구하기 위한 우선순위를 평가한다. 보안이 중요하다.
Y세대 (Millennial generation)	그들의 근무 조건에 만족한다면 충성스러울 수 있다. 그들은 개발 단계로서의 현재 위치를 중시한다. 끊임없는 변화를 추구한다.
Z세대 (Homeland generation)	개발과 학습의 기회를 제안하는 사람들에게 충실하다. 브랜드와 작업환경에 충실하지 않다.

자료 : Ststnicke G.(2016), pp. 12~13, 재수정

이러한 5개 세대의 특성은 스트라우스와 하우(Strauss and Howe)의 정의에 따라 유형화할 수 있다. 그들은 저서 Generations: A History of America's Future 1584-2069(William Morrow and Company Inc. 1991)에서 미국 역사 전반에 걸친 사회경제적·문화적·정치적 조건이 뚜렷한 세대 특성화 또는 '동료 성격'의 형성에 미치는 영향을 검토하였다. 당시의 육아에 대한 문화적 규범, 세대의 구성원이 성년이 되면서 세상에 대한 인식, 그 세대가 성인 세계에 접어들면서 마주치는 공통된 경험 등 많은 요소들이 동료 성격에 영향을 미치고, 이런 식으로 환경에 뚜렷한 영향을 미치는 세대 정체성이 형성되며, 다시 더 젊은 세대가 형성된다고 보았다.[14]

미국의 역사를 조사한 후에 스트라우스와 하우는 각 세대가 시민 질서와 개인적 성취의 대립 세력 간에 밀고 당기기를 통해 대략 80년마다 고정적이고 주기적인 패턴으로 반복되는 4가지 원형으로 분류된다고 보았다. 4세대 원형(Strauss and Howe's four Generational Archetypes)은 예언자, 유목민, 영웅, 예술가이다. 각 원형의 세대들은 유년기, 청년기, 중년기, 노년기의 네 단계를 거치면서 비슷한 경험을 공유하고 문화에 비슷한 영향을 미치는 경향이 있다.

본질적으로 4가지 원형의 순환적인 반복은 시민 질서와 개인적 성취라는

두 강력한 사회적 힘 사이의 피할 수 없는 긴장을 관리하는 자연스러운 균형 과정의 역할을 한다. 이 고리는 자연의 계절적 변화와 다르지 않은 나선형 모형으로 사회의 진화를 추진하는 효과가 있다.

〈그림 1-1〉 세대별 특성의 유형

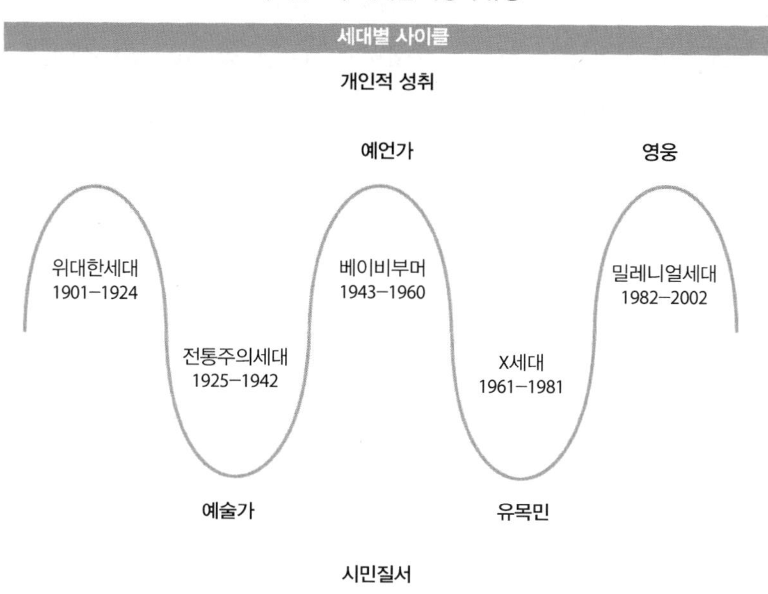

◆ 예언자 원형(Prophet Archetype, 베이비붐 세대)

그들은 단순히 그들에게 건네진 것을 유지하는 것이 아니라 세상을 변화시키고 싶어 한다. 비전, 가치, 종교의 영역에 핵심적인 재능을 가진 세대로 성인기 열정으로 특징된다. 과거의 예언자 세대들은 원칙적인 도덕주의자, 인간 희생의 지지자, 정의로운 전쟁의 도박자들이었다.

그들은 어린 시절에는 번영과 희망의 시기에 양육되고 방임되었다. 청년 시절에는 스스로 정의롭게 노인들이 만든 제도의 도덕적 강인함에 도전하여 정신적 자각을 시작한다. 중년 시절에는 그들의 도덕적 원칙과 다루기 힘든 신념에 대해 판단하고 고착화시킨다. 노인 시절에는 청년들의 세속적인 목표에 길을 내주면서, 그 날의 도덕적 딜레마를 해결하는 비전을 제공한다.

◆ 유목민 원형(Nomad Archetype, X세대)

그들은 생존을 위해 교활하고 실용적인 기술에 의존한다. 자유, 생존, 명예의 영역에 핵심적인 재능을 가진 세대로 중년기의 실용적이고 실제적인 리더십으로 특징된다.

그들은 어린 시절에는 사회적 경련과 성인의 자기발견 시기에 보호를 받지 못한다. 청년 시절에는 사회적 혼란의 시기에 소외되고 부끄럼 없는 자유 행위자이고, 독립적이고 현실적이다. 중년 시절에는 사회적 위기 동안 실용적이고 단호하고 강인하며, 사회를 방어하고 청년들의 이익을 보호한다. 노인 시절에는 안전하고 낙관적인 시기에 생존과 단순함을 선호하느라 지쳐 있다.

◆ 영웅 원형(Hero Archetype, 밀레니얼 세대)

그들은 세속적 질서를 위해 싸우고 재건한다. 공동체, 풍요, 기술의 영역에 핵심적 재능을 가진 세대로 성년기의 승리(일반적으로 전쟁)와 오만한 노인기의 업적으로 특징된다. 과거 영웅 세대(Greatest generation)는 제도의 건설자이자 경제적 번영의 지지자였다. 그들은 노년에 이르기까지 시민 에너지의 명성을 유지해 왔다.

그들은 어린 시절에는 비관적이고 불안정한 환경에서 보호되고 양육되었다. 청년 시절에는 집단적으로 노인 주도 십자군의 정치적 실패에 도전하여 세속적인 위기를 촉발시킨다. 중년 시절에는 질서를 재건하기 위해 긍정적이고 강력한 사회 규율 및 윤리를 확립한다. 노인 시절에는 청년들의 영적인 목표를 가져와 더 크고 웅장한 세속적인 건설을 추진한다.

◆ 예술가 원형(Artist Archetype, 전통주의 세대와 홈랜드 세대)

그들은 조용히 사회적인 힘을 다듬고 조화시키기를 추구한다. 다원주의, 전문성 및 정당한 과정의 영역에 핵심적 재능을 가진 세대로 중년기의 유연하고 합의를 형성하는 리더십으로 특징된다. 그들은 공정성과 포용성의 옹호자이고, 유능한 사회적 기술자이며, 높은 자격을 가지고 있다.

어린 시절에는 정치적 혼란과 성인 자기희생의 시기에 과잉보호를 받았다. 청년 시절에는 순응주의자로 성장하는 사회적 평온의 시대에 그들의 전문지식을 제공한다. 중년 시절에는 우유부단하여 청년들의 불타는 열정을 진정시키려고 노력하면서 사회를 개선하기 위해 프로세스를 개선하려고 노력한다. 노인 시절에는 시대의 변화에 공감하고 복잡성과 민감성을 선호한다.

1.2. 세대별 규모

모든 국가의 조직에는 현재 5개 세대(전통주의세대, 베이비붐 세대, X세대, Y세대, Z세대)가 공존하고 있다. 당연히 국가마다 세대별 규모는 차이가 있다.

미국도 2020년 현재 사업장에 5개 세대가 공존하고 있다. 전통주의 세대(1925년~1945년)는 2%, 베이비붐 세대(1946년~1964년)는 25%, X세대(1965년~1980년)는 33%, 밀레니얼 세대(1981년~2000년)는 35%, Z세대(2001년~2020년)는 5%를 차지하고 있다(Pew Research Center, 2021).

〈그림 1-2〉 미국의 세대별 구성비

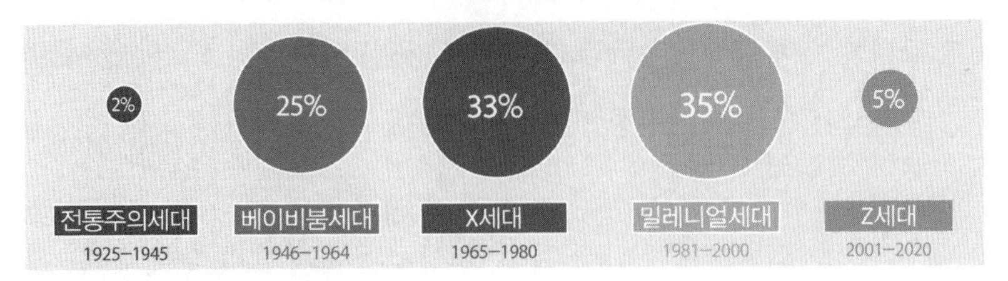

자료 : Pew Research Center(2021)

우리나라도 출생연도별 세대 정의에 따라 세대별 규모를 파악할 수 있다. 세대 정의는 연구목적이나 연구자 등에 따라 매우 다양하게 나타난다. 여기서는 노동시장이나 조직관리, 소비행태 등 경제적 측면에서 연구를 한 정의에 따르고자 한다.

베이비부머는 방하남(2011)과 황수경(2012), 정경희 외(2010), 박시내 외(2010)에 따라 1955년~1963년에 태어났다고 가정한다. X세대는 이영민 · 임정년(2013)에 따라 1964년~1979년에 태어났고, MZ세대는 홍기영(2019)과 대한상의(2019)에 따라 Y세대는 1980년~1994년에 태어났으며, Z세대는 1995년 이후 태어났다고 정의한다.

이러한 정의를 따를 때, 우리나라의 경우 2021년 현재 전통세대는 14.5%, 베이비부머 세대는 13.9%, X세대는 26.1%, Y세대(밀레니얼 세대)는 21.8%, Z세대는 23.8%를 차지하고 있다.

〈표 1-3〉 우리나라의 세대별 규모(2021년)

(단위 : 명, %.)

전체	전통세대 (1954년 이전)	베이비부머 (1955년~ 1963년)	X세대 (1964년~ 1979년)	Y세대 (1980년~ 1995년)	Z세대 (1996년 이후)
51,638,809 (100.0)	7,479,646 (14.5)	7,152,223 (13.9)	13,485,412 (26.1)	11,247,161 (21.8)	12,274,367 (23.8)

자료 : 통계청(2022), 주민등록인구 현황

1.3. 기회와 도전과제(Opportunity and Challenges)[15]

♦ 기회

① 사기와 생산성 제고

세대 다양성을 추구하면 조직의 가치가 높아진다. 젊은 직원들은 빠르게 기술을 개발하고 기술이 주도하는 변화에 적응하는 데 익숙하다. 중장년 직원들은 의사결정을 용이하게 할 수 있는 경험을 축적하고 있다. 이처럼 중장년 경험의 지혜와 젊은 층의 신선한 혁신을 통한 협업은 생산성을 향상시키고 사기를 높일 수 있다.

② 문제 해결 능력

다양한 관점과 다양한 기술을 결합하면 문제에 대한 창의적인 해결책을 쉽게 도출할 수 있다. 인생 경험은 도전과 갈등을 해결하기 위해 우리가 다른 사람들과 어떻게 관계하고 상호작용하는지에 영향을 미친다. 고령 직원들은 다른 사람들을 상대하는 경험을 더 많이 갖고 있다. 이것은 그들이 업무 관계를 탐색하는 것을 도울 수 있으나, 고착된 행동으로 이어질 수 있다. 젊은 직원들은 적응력이 더 뛰어나지만, 자신의 강점에 대한 확신이 덜할 수 있다.

결과적으로 세대 다양성이 있는 팀은 문제를 해결하기 위한 다양한 방법을 쉽게 찾아낼 수 있다.

③ 학습/멘토링 기회

세대가 다양하게 구성될수록 상호작용하면서 서로의 차이점으로부터 배울 수 있다. 경험이 풍부한 직원들은 자신의 경험을 활용하여 멘토링, 진로

조언, 회사와 업계에 대한 통찰력, 기술 지침을 제공할 수 있다. 젊은 직원들은 팀에 신선한 관점, 새로운 개발 및 아이디어에 대한 통찰력, 새로운 접근 방식을 제공할 수 있다.

특히 최근 역 멘토링과 교차 멘토링의 트렌드는 현재의 트렌드와 기술에 익숙한 젊은 직원들이 중장년 직원들을 교육시킬 수 있게 한다.

④ 지식 전수 및 보존

경험이 풍부한 팀원들은 문제를 해결할 때 더 많은 비즈니스 통찰력과 기술 경험을 가질 수 있다. 그러나 젊은 팀원들은 최신 기술과 교육 경험이 있을지도 모른다. 그래서 세대 간 지식 전수 및 보존이 매우 중요하다.

그런데, 세대별로 학습 선호도는 〈표 1-4〉와 같이 다르다. 이를 고려하여 전수를 해야 온전한 효과를 거둘 수 있다.

〈표 1-4〉 세대별 학습 선호(Generational Learning Preferences)

전통주의세대	베이비부머	X세대	Y세대
– 구조화된 학습 – 전통적인 교실 환경 – 선발되는 것을 싫어함 – 학습을 전반적인 목표와 연결	– 촉진 과정을 통한 대화형 학습/그룹 학습 – 새로운 기술을 적용하는 것을 연습할 시간이 필요 – 학습과 가치를 추가하는 새로운 방법에 연계	– 기술을 이용한 유동적이고 적시 학습 – 실행하면서 배움 – 학습의 재미를 높이고, 스킬을 기반으로 하며, 시장성과 연계	– 팀워크와 기술 – 재미있는 학습 추구 – 학습과 돈을 버는 것을 연결

자료 : Susan Milligan(2014)

⑤ 정서적 욕구 충족 및 고객서비스 개선

동료들과의 의미 있는 관계는 직원 개개인의 정서적 욕구를 충족시키고 직무 만족에 기여할 수 있다. 조직 내의 다양한 세대 구조는 자신의 세대 이외의 사람들과 개인적인 관계를 맺을 기회를 제공한다.

또한, 다양한 세대의 인력이 다양한 고객들을 지원할 수 있다. 다세대 인력으로 인해 모든 세대의 고객들에게 보다 대응력이 높고 공감을 받는 서비스를 제공할 수 있다.

♦ 도전과제

① 다양한 기대치

다양한 세대의 사람들은 고용에 대해 동일한 기대를 하고 있지 않을 수 있다. 세대별로 그들의 임무를 수행하거나, 훈련으로부터 배우거나, 그들의 성과를 평가받을 때 기대하는 내용과 수준은 다양할 수 있다. 또한, 바람직한 보상 패키지에 대한 기대도 세대마다 동일하지 않을 수 있다.

이러한 기대에 부응하도록 다양한 옵션과 유연한 선택지를 제공할 필요가 있다.

② 부정적인 고정관념

우리는 세대에 대한 고정관념이 있다. 신세대 직원들은 구세대 직원들이 자신들보다 융통성이 없고 기술을 받아들이는 것을 두려워한다고 생각할 수 있다. 반면에 구세대 직원들은 신세대 직원들이 지나치게 개인주의적이고 직업윤리가 낮다고 생각할 수 있다.

직장 내 세대 차이가 경험적으로 타당한 측면도 있다. Twenge, M.(2010)은 세대 간에 직업 가치와 특성에 차이가 있음을 보여주었다. 연구결과 ① 직장은 고령 직원들에 비해 젊은 직원들에게 덜 집중한다. ② 고령 직원들은 젊은 직원들에 비해 더 강한 직업윤리를 가지고 있다. ③ 젊은 직원들은 고령 직원들에 비해 여가를 더 높게 평가한다. ④ 젊은 직원은 고령 직원보다 더 많은 개성을 가지고 있다.

세대 차이에 관한 많은 연구에도 불구하고 표본 등의 문제 등으로 그것에 대한 광범위한 일반화는 부정적인 고정관념을 형성할 수 있다.

Access Global이 중국, 독일, 싱가포르, 영국 및 미국의 모든 세대 350명의 직원을 대상으로 설문 조사를 실시한 결과 부정적인 고정관념의 세부 사항에서 일부 세대 차이가 나타났다(Manhz, 2007). 특히 고위 리더는 세대 편향에 매우 취약한 것으로 나타나 이들에 대한 교육이 필요하다고 주장하였다.

〈그림 1-3〉 직급별 고정관념 점수

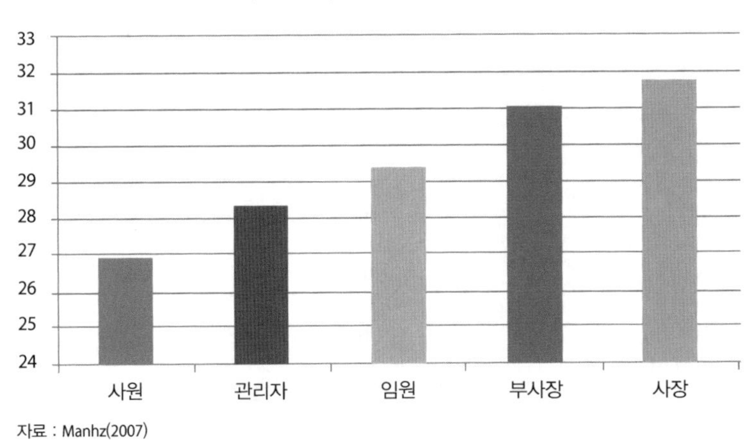

자료 : Manhz(2007)

직장에서 세대에 대한 고정관념은 부정적인 직업 태도, 나쁜 정신건강, 그리고 이직하려는 의사를 촉진시킨다. 부정적인 메타 정형(특정 집단이 다른 집단에 속한 사람들에 대해 갖는 생각)도 악화할 수 있다.

이러한 부정적인 고정관념에 대항하기 위해서는 다양성의 긍정적인 측면과 포용적인 근무환경 개발에 초점을 맞추어야 한다.

③ 커뮤니케이션 이슈

세대별로 선호하는 커뮤니케이션 스타일과 수단에는 분명 차이가 있다. 이메일, 인스턴트 메시징 또는 전화 및 비디오 전화 등 커뮤니케이션 수단도 다양하기 때문에 세대 간 커뮤니케이션 방법도 다양하다. 밀레니얼 세대는 소셜 미디어와 디지털 커뮤니케이션 채널을 선호하고, 베이비붐 세대는 대면 대화나 이메일을 선호한다.

모든 조직은 최선의 커뮤니케이션 방법을 확립하고 모든 선호를 수용하는 전략을 수립해야 한다. 아울러 커뮤니케이션 장애를 피할 수 있는 최고의 방법을 선택하는 것이 필요하다.

1.4. 잘못된 믿음과 현실(Myths and Reality)

부정적인 고정관념은 모든 세대에게 존재한다. 생산적인 세대 다양성 조직을 만들기 위해서는 모든 수준에서 이러한 문제를 해결해야 한다.[16]

- **잘못된 믿음** : 밀레니얼 세대는 그들 자신만을 위한다.
- **현실 :** 미국 고등교육연구소가 대학 신입생들을 대상으로 조사한 결과 그들은 1966년 이후 가장 높은 수준의 사회적 관심과 책임감을 갖고 있음을 발견했다. 2006년에 "다른 사람들을 돕는 것의 중요성"은 신입생들이 보유한 세 번째로 높은 공통 가치였다.[17]

- **잘못된 믿음 :** 밀레니얼 세대는 권리의식을 갖고 있고 그들에게 주어진 기회를 원한다.
- **현실 :** 미국 근로자들을 대상으로 한 주요 조사에서 밀레니얼 세대는 그들을 자립하게 만드는 기업가 정신을 가지고 있다는 것이 밝혀졌다.[18]

- **잘못된 믿음 :** 밀레니얼 세대는 X세대와 공통점이 많다.
- **현실 :** 밀레니얼 세대들은 X세대보다 베이비부머 및 전통주의세대와 더 많은 공통점을 가지고 있다.

- **잘못된 믿음 :** X세대는 열심히 일하려고 하지 않는다.
- **현실 :** X세대는 열심히 일할 의향이 있지만, 고용주가 주당 40시간 급여를 지급하면서 주당 70시간만큼 일할 것을 기대하는 것은 불공평하다고 믿는다. X세대는 일 이상의 삶을 원한다.

- **잘못된 믿음 :** 베이비부머는 이기적인 "나" 세대이다.
- **현실 :** 베이비부머는 그들의 고객, 고용주 그리고 지역사회에 기여하기를 원한다. 2005년 한 연구에 따르면 50대 590명 중 58%가 최고의 선택 중 하나인 교육 및 사회서비스에 더 큰 기여를 하는 일을 찾는 데 관심이 있는 것으로 나타났다.[19]

- **잘못된 믿음 :** 베이비부머들은 학습을 회피해 왔다.
- **현실 :** 베이비부머들은 성인교육과 대학 프로그램에 기록적인 비율로 등록하고 있다.[20]

- **잘못된 믿음 :** 베이비부머는 일 중독자이다.
- **현실 :** 오늘날의 베이비부머들은 더 느린 속도로 일에 몰두하고 있으며 그들의 삶을 단순화할 수 있는 창의적인 방법을 찾기를 열망하고 있다. 한 연구에 따르면 베이비부머의 거의 절반이 일주일에 평균 8시간 미만으로 일하는 것을 선호하는 것으로 나타났다.[21]

- **잘못된 믿음 :** 고령 근로자들은 퇴직하기 전에 그저 시간을 때우고 있을 뿐이다.
- **현실 :** 2005년 미국퇴직자협회(AARP)의 연구에 따르면, 모든 산업에서 근로자 참여자 중 55세 이상의 근로자가 가장 높은 비율로 나타났다. 높은 참여 수준과 매출 증대, 이직률 감소, 긍정적인 고객 경험 사이에는 직접적인 관계가 있다.[22]

- **잘못된 믿음 :** 고령 근로자들은 청년 근로자들보다 더 자주 병에 걸린다.
- **현실 :** 2006년 한 조사에 따르면 전통주의세대 근로자들이 가장 적은 병가를 낸 것으로 나타났다.[23]

- **잘못된 믿음 :** 고령 근로자들은 기술을 배울 수 없다.
- **현실 :** 고령자들은 스트레스가 적은 환경에서 존중을 받으며 기꺼이 기술을 배우려고 한다. 2005년의 한 연구는 고령 근로자들이 청년 근로자들보다 새로운 기술을 배우려는 의지가 더 강하다는 것을 발견했다.[24]

- **잘못된 믿음 :** 고령 근로자들은 청년 근로자들만큼 생산적이지 않다.
- **현실 :** 여러 연구에서 생산성과 연령 사이에 유의미한 상관관계가 발

견되지 않았다. 게다가, 고령 근로자들의 지식과 경험은 나이가 들면서 일어날 수 있는 인지적 감소를 상쇄시킬 수 있다.[25]

2. 세대이론

2.1. 사회학적 세대이론(Sociological Theories of Generations)[26]

◆ 초기의 사회학적 세대이론 : 칼 만하임(Karl Mannheim)과 라이더(Ryder)

"세대"라는 용어에 대한 현대의 과학적 사용과 이해는 1952년 발간된 사회학자 칼 만하임(Karl Mannheim)의 '세대의 문제(The Problem of Generations)'로 거슬러 올라갈 수 있다. 그는 문화적 전통과 정체성이 보존되는 동안 어떻게 사회적 변화가 가능한지를 이해하기 위한 기초를 세대가 제공한다고 하였다. 그리고 세대가 사회변화를 촉진시키는 다섯 가지 과정을 확인하였다. ① 문화 과정의 새로운 참여자가 출현하고, ② 문화 과정의 이전 참여자가 사라지며, ③ 어떤 세대의 구성원도 제한된 시간 동안만 참여할 수 있으며, ④ 문화유산이 세대 간에 전달되고, ⑤ 세대 간 전환은 연속적이다.

이후의 사회학 이론들은 비슷하게 사회변화를 촉진하는 데 있어서 세대의 중요성을 강조했다. 예를 들어, 라이더(Ryder)는 출생 코호트(만하임의 세대 형성과 유사한 구조)의 계승이 유연성을 빌려주고 사회 문제를 해결하기 위한 새로운 관점을 제공하는 과정이라고 설명하였다.

만하임(1952)은 세대는 두 가지 중요한 요소(공유된 사건과 경험이 있는 역사적 시간의 공통된 위치, 그 역사적 위치에 대한 인식)를 통해 형성된다고 보았다. 또한, 같은 역사적 사건들이 다른 문화적 배경과 사회 계층의 사람들에게 같은 방식으로 영향을 미치지 않을 것이라고 하였다.

만하임(1952)과 라이더(1965)는 모두 세대의 리듬이 사람들의 경험에 영향을 미치는 역사적 · 사회적 · 문화적 사건의 시기에 따라 결정된다는 점에 주목하면서 세대가 일정한 간격으로 나타난다는 생각을 거부했다.

♦ 후기의 사회학적 세대이론 : 글렌 엘더(Glen Elder)

글렌 엘더(Glen Elder)는 1970년대와 1980년대에 아동과 성인 발달에 관한 종단 연구를 바탕으로, 사회적 · 역사적 맥락을 통과하는 과정이 특히 유아기와 청소년기에 수명을 통해 개인의 발달 궤적에 영향을 주는 프로세스를 받아들이는 인생 코스의 관점을 공식화하였다. 구체적으로 "역사적 사건과 개인의 경험은 가족과 그 구성원들의 '연관된' 운명을 통해 연결된다"라고 주장하였다. 즉, 개인의 유년기와 청소년기의 경험은 이후의 성인기 발달적 궤적을 위한 무대를 마련하는 데 결정적으로 중요하다. 사건이 사회변화에 미치는 영향을 강조하는 기존의 사회학적 전통과는 달리 그는 개인의 가치와 성인의 역할, 특히 일과 관련된 역할로의 전환과 관련하여 사회적 · 역사적 맥락의 메커니즘과 결과에 초점을 맞추었다.

그의 관점은 두 가지 방식으로 사회학적 접근을 세대로 확장시켰다. 첫째, 개인과 수명발달에 초점을 맞춤으로써 사회변화에 대한 영향에서 개인행동 측면으로부터 성인 발달 측면으로 관심이 이동하는 데 도움이 되었다. 둘째, 그의 '연계된 삶'의 개념은 종종 세대를 특징짓는 독특한 사건들이 개인의 가치와 행동에 영향을 미치는 과정 또는 메커니즘을 강조하였다.

그러나 그는 서로 다른 '연계된 삶'과 관련된 변동성이 유사한 기간을 살아가는 개인들이 서로 다른 가치, 관심사, 직업 궤적을 개발하는 방법에서 중요한 변동성을 산출한다고 주장하였다.

2.2. 대중적 세대이론(Influential Popular Theory of Generations) : 스트라우스와 하우(Strauss and Howe)

스트라우스와 하우(Strauss and Howe, 1991)는 저서 'The History of America's Future 1584 to 2069'에서 '세대(Generations)'에 초점을 맞추었다. 그들의 접근법은 두 가지 중요한 면에서 기존 이론과 다르다. 첫째로, 그들은 세대의 출현과 관련된 특정 기간(약 20년)을 묘사한다. 둘째, 이전 세대에 대한 세대적 반작용에 의해 대략 80년마다 반복되는 주기적인 패턴으로 20여 년마다 4개의 세대적 인격(이상주의자, 반응주의자, 시민주의자, 적응주의자-idealist, reactive, civic, and adaptive)이 나타난다고 가정한다.

비록 이러한 패턴이 80년 정도마다 반복된다고 추정되지만, 그들은 미국의 남북전쟁과 같은 중요한 역사적 사건들이 그 주기를 방해하도록 허용한다.

그들은 본질적으로 이론적 관점에 대한 경험적 증거를 제시하지 않고 각 세대의 성격 유형의 원형적 대표자에 대한 개별 사례 연구를 강조한다. 이러한 사례는 한 세대의 전형적인 구성원의 예(즉, 선택 편향)를 제공하기 위해 특별히 선택되었다.

그럼에도 불구하고, 그들의 작업은 세대의 출현 시기와 세대에 대한 그들의 라벨에 큰 영향력이 있었고, 세대 차이에 대한 대중적인 생각에 큰 영향을 미쳤다.

3. 세대 다양성 경영

다양성 경영(diversity management)이라는 용어는 성, 인종, 민족성, 건강 상태(예: 장애) 등과 같은 특징과 가장 자주 관련되는 용어로 특정 세대에 대한 분류는 별도로 구분되거나 강조되지 않는다.

〈그림 1-4〉 다양성 관리 개념도

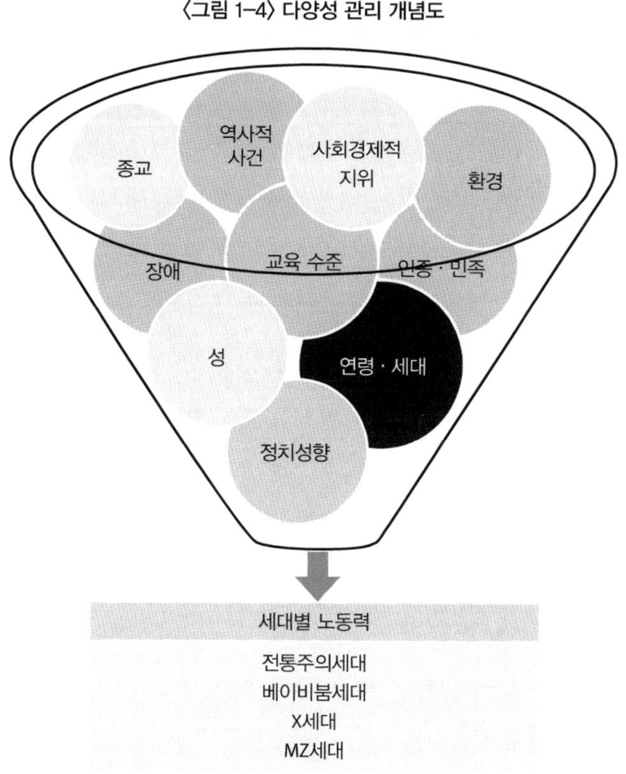

자료 : American Hospital Association(2014)

Kupryt & Salatkienā(2011)는 다양성 경영이 가치 기반 기업의 전략, 조직의 구성원 간의 차이와 유사성이 잠재력으로 활용되는 관리 프로세스로서 회사에 부가가치를 창출하는 프로세스 등을 중심으로 활발하고 미래를 의식적으로 개발한다고 가정한다.

다양성 경영은 두 가지 주요 차원으로 구성된다. 즉, ① 인간의 연령, 성, 인종, 성적 지향, 장애 등을 포함하는 핵심(core), 그리고 ② 외적으로 보이지 않는 인간의 가치체계, 세계관, 사고 등을 포괄하는 정신적 · 사회적 · 영적 차원이다. 이러한 차이는 특정한 다른 특성을 가진 사람들 사이에 갈등 상황을 초래할 수 있지만, 그러한 차이를 효과적으로 관리하는 것이 큰 장점이 될 수 있다.

Rosado(2006)는 세대 다양성 경영을 "회사에서 모든 사람들의 생산적인 상호작용을 보장하기 위해 다른 세대 사람들에 의해 야기되는 차이를 관리하는 것을 목표로 하는 포괄적인 전체론적 과정"으로 정의한다.

본서에서는 세대 간 경영(intergenerational management) 또는 세대 친화 경영(generation friendly management)을 세대 다양성 경영이라고 부르기로 한다.

이에 대해서는 3가지 용어가 사용되고 있다. 3가지 용어가 같은 의미인 것처럼 보이지만, 그 의미와 사용의 측면에서 약간의 차이가 있다(Kévin Boittin & Sandra Theys, 2014). 트랜스제너레이셔널(Trans-generational)은 여러 세대에 걸쳐 행동하는 것을 의미한다. 이 세대들이 서로 간에 직접적인 연관성을 갖고 있지 않는 경우도 있다. 멀티제너레이셔널(Multigenerational)은 동일한 장소에 서로 다른 출생 코호트가 있다고 가정하지만, 해당 코호트 간의 상호작용이 풍부하다는 것을 의미하는 것은 아니다.

반면에 인터제너레이셔널(intergenerational)은 서로 다른 연령대의 다양한 사람들이 함께 일하는 것을 의미한다(Brownell & Resnick, 2005, p.69).

그러므로, 본서에서 사용하는 용어에는 인터제너레이셔널(intergenerational)이 더 적합하다.

제2장

세대 다양성 사업장의 새로운 트렌드

o——o

Susan Hannam & Bonni Yordi(2011)는 세대 친화 사업장의 새로운 트렌드를 다음과 같이 6가지로 제시하였다.[1]

1. 새로운 커뮤니케이션 기법의 활용 증가

급격한 인구통계학적 변화가 조직 내에 커뮤니케이션 문제를 야기할 수 있다. 만약에 관리자들이 조직 내의 활력에 큰 관심을 두지 않는다면 이것은 잘못된 인식과 덜 생산적 작업환경을 이끌 수 있다. 관리자들은 그들이 다양한 세대들과 어떻게 커뮤니케이션할지에 대해 생각해야만 한다.

Y세대는 팀 환경하에서 번성하고 소셜 미디어를 통해 자주 참여한다. 그들은 고령 직원들이 기술을 이해하지 못한다고 느낄지도 모른다. 반면에, 베이비붐 세대는 그들의 다른 관점을 고려하는 방법으로 청년 직원들과 소통하는 데 그들의 역할을 할 수 있다.

예를 들어, 미국에 한 조직의 베이비부머가 X세대에게 조직에 관해 이야기한다고 상상해 보자. "우리는 전 세계 40개국에 100개의 사무실을 가지고 있다."라고 말했다. 어쩌면 그들이 직접 그 사무실 중 일부를 오픈하는 것을 도왔을지도 모른다. X세대는 조직의 규모가 크고 사무실 수가 많으면 조직이 관료적일 수 있다고 생각할 수 있다.

만약에 베이비붐세대가 X세대와 조직의 크기에 따른 혜택에 관해 다음과 같이 이야기한다면, X세대는 그것을 동기부여가 되는 가치들로 이해할까? "우리가 40개국에서의 우리의 존재에 대해 매우 흥분하는 한 가지 이유는 그것이 우리의 직원들이 해외에서 일하고 생활할 기회를 제공할 수 있다는 것이다. 이제는 모든 국가가 인트라넷으로 연결되어 있어서 직원들은 어디에 있든 네트워킹 및 학습기회를 제공받을 수 있다. 더욱이 우리가 수행할 수 있는 프로젝트의 규모도 정말 커졌다. 그래서 당신이 미국 사무실에 있는 동안에도, 당신이 관심이 있다면 라틴 아메리카의 프로젝트에도 참여할 수 있다."

조직이 가지고 있는 특징이 X세대에 어떻게 영향을 미칠 수 있는지를 이해시켜야만 그들에게도 혜택으로 느끼게 할 수 있다.

다양한 세대로 구성된 작업장은 이러한 세대 차이에 대한 인식을 가지고 열린 커뮤니케이션을 할 필요가 있다. 그것은 강력한 리더십을 필요로 한다. 또 모든 직원들은 새로운 접근 방식을 수용하고, 참여하는 방식으로 소통해야 한다.

2. 일과 삶의 유연성에 대한 기대의 증가

조직들은 최고의 인재를 보유하기 위해 이제 소위 "라이프스타일 복지(life

style benefits)"를 증가시키고 있다. X세대나 Y세대 뿐만 아니라 다른 세대들도 일과 삶의 유연성을 보다 더 많이 원하고 있다.

작업을 정의하는 방법과 언제 어디서나 작업을 가능하게 하는 기술에 대한 세대 차이가 이러한 추세를 조장하고 있다. 베이비부머 세대들은 "일하기 위해 사는 것은 과거의 일이 되어가고 있다. 관리자들은 우리가 전문가가 된 조건이 대부분 사라져 다시 돌아오지 않는다"는 것을 깨달아야 한다.

일과 삶의 균형은 모든 세대의 직원들에게 영향을 미친다. X세대는 지난 몇 년 동안 Y세대가 노동력으로 진입하면서 점점 더 중요해진 유연성을 추구하는 운동을 주도했다. 그렇지만, 베이비부머들은 역시 아이들과 노부모를 돌보는 것 사이에서 그들이 '샌드위치'임을 발견하였거나 전통적인 정년을 넘어 일할 것을 고려하면서 더 많은 유연성을 모색하기 시작했다. nGeneration Insight의 한 조사에서 Y세대의 50%, X세대의 38%, 그리고 베이비부머 세대의 27%가 유연 근무시간이 일자리 제의를 받아들이는 데 중요하다고 응답했다.[2]

최고의 직원들을 끌어들이고 유지하기 위해, 조직은 일과 삶의 유연성을 수용하는 작업 문화를 만드는 것이 필수적이 될 것이다. 조직의 요구와 개인의 요구 간의 균형을 맞추려면 창의적 사고가 필요할 수 있다.

혁신적인 관리 접근법 및 기술의 사용은 긍정적인 결과를 초래할 수 있다. 2005년에 베스트 바이(Best Buy)는 직원들이 참여할 수 있도록 혁신적인 프로그램을 시작하면서 비즈니스 세계의 주목을 받았다. 직원들을 원하는 장소에서 원하는 시간에 작업을 수행하고 원하는 시간에 결과를 제공할 수 있다. 베스트 바이는 ROWE(결과 전용 작업환경 : result-only work environment)로 알려진 운동을 하고 있다. 이 운동은 얼마나 많은 시간을 책상에서 소비하였는가로 생산성을 측정해 직원을 평가하는 것을 중단하였다. 결과 전용 작업환경에서는 직원들이 보다 효율적으로 작업할 방법을 찾기 시작하면서 몇 주 내에 생산성이 높아지는 경향이 있다. 이와는 대조적으로, 매일 8시간 동안 페이스타임(직접 만나 대화하는 시간)을 해야 하는 직원들은 종종 그들이 할 수 있는 것보다 생산성이 떨어진다. 베스트 바이는 다양한 매트릭스를 사용하여 ROWE의 실행 가능성을 확인했으며, 다음과 같은 이점을 활용해 성공을 거두었다.

- 직원의 직무만족도 향상
- 자발적 이직률 감소(16%에서 0%로)
- 생산성 및 품질 지표 향상

베스트 바이는 일의 미래가 어떤 것인가에 관한 최첨단 사례이다.

세대 친화 사업장들은 재택근무, 가상팀 및 유연한 작업계획을 조합하여 사용할 수 있다. "스트레스를 덜 받고 균형 잡힌 노동력의 이점은 결근 감소, 업무 관련 사고 감소, 고객 만족도 향상 등의 측면에서 측정될 수 있다. 그러나 가장 큰 이점은 유능한 직원을 채용해 보유하는 것이다."

3. 지속적 성장과 개발을 위한 기대 증가

모든 직원의 성장과 발전을 촉진시키는 것은 조직 리더의 책임이다. 조직이 직원들에게 기술을 개발할 기회를 제공한다면 모든 세대의 직원들이 더 많이 참여하게 될 것이다. 참여한 직원들은 자신들의 조직이 조직의 성장뿐만 아니라 자신의 성장에도 관심이 있다고 믿게 된다.

무엇이 경력상승을 구성하는가에 대한 사람들의 관념이 바뀌고 있다. 낡은 패러다임에서는 계층적 조직 내에서 승진해야만 비로소 발전할 수 있었고, 좌우로 또는 아래로 이동하는 것은 실패나 강등이라고 여겨졌다. 새로운 패러다임에서는 조직 내에서 위아래 또는 좌우로 이동함으로써 발전할 수 있다고 받아들인다. 직원들은 지속적으로 기술을 개발하고 성장할수록 조직에 더 많은 기여를 할 수 있고, 다양한 방향으로 이동함으로써 조직을 알게 되고 이를 통해 여러 가지 성과를 낼 수 있다.

세대 차이도 한몫하고 있다. 관리자들은 여러 세대가 포함된 노동력을 효과적으로 이끌기 위해서 성장과 발전의 두 가지 중요한 요소, 즉 다양한 학습 스타일과 멘토링 수요의 증가를 고려해야 한다.

3.1. 다양한 학습 스타일

고령 직원들은 직장 밖의 공식적인 훈련과정을 받으려 하지만, 청년 직원들은 직장 안에서 학습이 이루어질 것으로 점점 더 기대하고 있다. 세대별로 학습효과를 높이려면 다양한 교육적 접근 방식과 맞춤 장소가 필요하다. 〈표 2-1〉은 각 세대의 지배적인 학습 스타일을 제시한다.

〈표 2-1〉 세대별 우세한 학습 스타일

세대	우세한 학습 스타일
전통주의세대	전통적, 강사 주도적, 읽기와 숙제, 나를 교육, 기술 도전자
베이비부머	독립적, 전문가 또는 강사 주도적, 목표 지향적, 경쟁적, 나에게 정보제공, 기술 지각자
X세대	개인주의자 및 협업자, 동료간 교육, 나를 사람들과 연결, 기술 수용자
Y세대	맥락과 가치를 확인, 온라인으로 서로 검색하고 탐색, 나를 모든 것과 연결, 기술을 잘 아는 사람

자료 : Bersin & Associates(2007).

청년 직원들은 사회 및 경제 행위자로서 세상에 참여하는 데 능숙하다. Meister and Willyerd는 "기술이 모든 사용자를 공동작업자로 연결할 수 있도록 가능하게 한 적은 없었다"라고 말했다.

소셜 미디어는 미래의 직장에서 MZ세대들 사이에 점점 더 중요한 역할을 할 것이다. 이 세대들은 정보, 피드백 및 협업 작업을 위해 소셜 네트워크에 연결하는 데 익숙하다. 고령 관리자들은 텍스트 메시징 및 Wiki 협업과 같은 작업 방식의 효용과 잠재적인 이점에 대해 배울 필요가 있다. 청년 직원들은 법령과 규정을 충족하기 위해 공식적인 문서 작성과 기록 보관의 교육을 받을 필요가 있다.

성공적인 조직들은 청년 직원들의 방대한 소셜 미디어 전문지식과 대체적이고 디지털적인 방식으로 일하고 소통하는 그들의 선호도를 활용할 필요가 있다.

3.2. 멘토링

고용주들 사이에서는 다른 직원들과 마찬가지로 MZ세대에게도 멘토링이 필요할 것이라는 공감대가 커지고 있다. 그렇다고 그들이 아무 준비도 없이 출근해도 된다는 뜻은 아니다. 반대로, 고용주의 MZ세대에 대한 초기의 일부 우려에도 불구하고, 그들은 뛰어난 팀 플레이어이다. 그들은 협력적이고, 권위 있는 인물의 의견을 존중하며, 배우기를 매우 열망한다는 것이 입증되었다. 그들은 지역 서비스와 다른 사람을 돕는 것에 대해 긍정적이다.

이러한 역동성을 무시하는 관리자는 최고의 후보자를 채용하고 유지할 수 없다. 이것은 조직의 느린 왜곡으로 이어질 수 있다.

4. 인재를 인식하고 보상하는 새로운 접근 니즈의 증가

성과는 높은 직원 참여와 관련된 주요 요인 중 하나이다. 이러한 인식 부족은 모든 유형의 직원과 모든 세대에 영향을 미치는 작업장의 고질적 문제이다. 그것은 미국의 경우 연방정부 공무원이나 Y세대만의 문제가 아니다.

미국 전체 연방정부 공무원의 48%, 민간부문 직원의 45%는 상사가 그들에게 충분한 인정이나 칭찬을 해주지 않는다고 말했다. 하지만 가장 인정받지 못하는 것은 Y세대이다. 그들의 60%는 상사가 충분한 인정이나 칭찬을 해주지 않는다고 응답했다.

Howe에 의하면, "칭찬에 굶주린 Y세대는 많은 관심을 끌었고 … 제시간에 출근하는 것만으로 그들에게 골드스타 상을 줘야 하는가? … 그러나 Y세대들은 대부분의 베이비부머들과 X세대가 그 어떤 것도 그 누구도 칭찬하는 경우는 거의 없다는 것을 관찰하고 있다. 그들의 눈에는 베이비부머와 X세대가 비우호적인 업무 태도를 만들어 왔다. 대조적으로 오늘날의 X세대들은 서로가 성취한 것과 기관의 사명에 대해 긍정적인 메시지를 표현하는 작업장 환경을 만드는 데 도움을 줄 것이다."

리더쉽 IQ 설문 조사에서 "상사가 나의 성과를 인정하고 칭찬한다"라는 진술에 대한 긍정적인 반응은 Y세대 직장만족도의 가장 좋은 예측 변수이다.

관리자들은 칭찬에 대한 욕구가 정상 궤도에 오르게 하고 관리자가 원하는 것을 하며 조직에 기여하도록 함으로써 Y세대를 가장 효과적으로 참여하게 할 수 있다. 이러한 맥락에서 Y세대에게 자주 피드백을 제공하는 것이 타당하다.

기업 Clifton Gunderson은 '하이터치 가이드 정책(high-touch-guidance policy)'을 마련하여 이직률을 절반으로 줄였다. 관리자들은 매주 최소 한 번

이상 직원들과 공식적인 직접 회의를 가질 수 있도록 일정을 잡으며 매일 비공식적으로 직원들과 접촉한다. 관리자는 젊은 직원의 인식 요구에 주의를 기울임으로써 생산성과 참여를 장려하는 작업환경을 조성하고 있다. 각 세대의 고유한 특성을 알고 있는 관리자는 구성원들에게 보다 효과적으로 동기를 부여하여 모든 직원이 완전히 참여하도록 도울 수 있다.

5. 전체 노동력을 참여시키는 니즈 증가

관리자들은 세대 간의 교량을 만들면서 동시에 직원들의 참여를 촉진시키는 두가지 중요한 영역을 더욱 강화하고 있다. 전체 세대가 모두 참여하지 않으면 생산성이 최대 잠재력에 미치지 못할 것이다. 지난 20년간 수많은 대규모 연구에서 참여는 조직의 생산성에 영향을 미친다는 사실이 밝혀졌다.

민간부문의 높은 참여는 수익성 향상, 고객 만족도 향상, 최고의 직원 유지율, 생산성 향상과 관련이 있다. 켈리 글로벌(Kelly Global) 직원 10만 명을 대상으로 실시한 조사에서 응답자의 42%는 세대 차이가 실제로 직장 내의 생산성을 향상시켰다고 응답했다. 한편 응답자의 75%는 문제를 피하고 다른 세대의 관점을 더 잘 이해하기 위해 다른 세대 동료들과 의사소통했다고 말했다.[3]

2008년 미국 연방정부 공무원들을 대상으로 한 연구에 의하면, 응답자의 33%는 완전 참여, 50%는 부분 참여, 17%는 불참여한 것으로 나타났다. 이는 미국 노동력의 1/4 이상이 완전히 참여하고 있고, 절반 이상이 부분적으로 참여하고 있으며, 1/5 미만이 참여하지 않고 있다는 다른 많은 연구결과와 비교된다. 이는 연방정부 직원들이 민간부문 직원들보다 폭넓게 더 많이 참여하고 있음을 보여준다(연방정부 33% 대 민간부문 28%).

직원 참여는 조직의 성공과 직접적인 관계를 갖는 행동을 보여준다. 그들은 긍정적인 성향으로 정서적으로 성숙하고, 다음과 같은 업무 행동이나 특성을 보여준다.

- 높은 수준의 노력
- 시간 경과에 따른 어려운 작업의 지속성
- 타인을 돕고자 하는 욕구
- 작업장의 표준 또는 기대를 뛰어넘는 것
- 변화와 개선을 위한 강한 권고
- 팀 또는 조직의 필요에 따라 역할 또는 책임 확대
- 변화에 적응하고 심지어 변화를 촉진하여 업무, 작업장 및 조직의 효율성 향상

이것은 세대를 불문하고 종사하는 직원들의 바람직한 행동이다. 그러나 각 세대는 다른 동기에 반응한다.

6. 혁신에 대한 필요성 증가

혁신은 향후 조직의 성공에 매우 중요할 것이다. 참여 및 혁신과 다세대 인력 유치 및 유지 사이에는 강력한 연관성이 있다.

참여에 기여하는 많은 동일한 요소도 혁신에 기여한다. 연구에 따르면, 세대별로 다양한 팀이 창의력을 향상시킨다고 한다.

다기능 작업장에서의 혁신을 자극하기 위해서는 세대별 다양성이 중요하다. 다양한 팀이 문제 해결을 위한 다양한 관점을 제시함으로써 더 나은 결과를 도출한다. 갤럽의 광범위한 조사에 따르면, "유용한 직원들은 경영이나 비즈니스 프로세스를 개선할 수 있는 창의적인 방법을 제안하거나 개발할 가능성이 훨씬 더 크다. 혁신을 원하는 관리자들은 먼저 새로운 아이디어를 환영하는 환경을 조성하고, 직원들을 이러한 전략의 핵심 요소로 만들어야 한다."

대부분의 조직에서는 아직 전통주의세대나 베이비부머들이 고위직을 차지하고 있다. 이러한 관리자들은 대부분 과거에 경험한 하향식 관리 스타일을 사용한다. 그러나 최첨단 조직은 혁신을 장려하는 관리 기술을 구현하고 있다. CISCO 시스템의 CEO인 존 챔버스(John Chambers)는 다음과 같이 말한다. "명령과 통제의 CEO라면, 당신의 결정에 영향을 받는 개인들은 받아들이지 않고 천천히 추진하거나 심지어 멈추기도 한다. 수직적으로 통합되고 모든 것을 통제할 수 있는 시대는 결코 돌아오지 않을 것이다. 저를 포함한 전체 리더십 팀은 다른 운영 방식을 고안해야만 한다."[4]

이노베이션에 대한 강조가 증가함에 따라, 관리자들은 이노베이션을 지원하는 협업 리더십 스타일이 필요할 것이다. 전통주의세대와 베이비부머들은 방대한 지식과 지혜를 가지고 있는 반면에, X세대와 Y세대는 기술을 가지고 있다. 또한, Y세대는 팀을 이루어 일하면서 성장해 왔고 혁신에 필수적인 협업 기술을 보유하고 있다. 다양한 세대로 팀을 구성함으로써, 조직은 각자 테이블에 주는 강점으로 이득을 얻을 수 있다.

과거 고용주와 직원의 관계는 직원들이 급여를 받는 대가로 최선의 노력을 할 것이라고 가정하는 시대에 뒤떨어진 패러다임이었다. 이제 그것은 관계의 개념으로 대체되고 있다. 오늘날 직원들은 더 많은 파트너십을 원한다.

그들은 각자가 테이블에 무엇을 가져오는지 알아보고, 그 대가로 개인적인 투자를 제공한다. 고용주와 직원 간의 관계는 역동적이며, 새로운 모델에서는 한 사람의 성공 여부가 다른 사람의 성공에 달려 있다.[5]

오늘날 효과적인 관리자들은 조직 전체에 걸쳐 혁신과 협업을 촉진하는 새로운 리더십 스타일을 수용하고 있다. 다세대 노동력을 참여시킴으로써, 혁신을 증가시킬 수 있다.

제3장

세대 다양성 경영의 영역과 핵심영역의 이론

1. 세대 다양성 경영의 영역

직장 내 세대 간 경영(intergenerational management in workplace)의 활동은 조직의 세대 간 차이를 줄이고 세대의 다양성을 유지하는 데 초점이 맞춰져야 한다. 이러한 맥락에서 다양한 세대 간의 협력 분위기를 조성하기 위해서는 직장 내 각 세대에 맞는 올바른 접근을 할 필요가 있다.

Živa Veingerl Čič & Simona Šarotar Žižek(2017)은 개별 조직 내 세대 간 경영 모델을 〈그림 1〉과 같이 제시하였다. 즉, 세대 간 관리의 영역을 5가지 - 기업의 가치와 전략 및 경영 스타일, 직원의 획득과 유지(다양한 인력의 채용, 신입사원 정착지원, 성과관리 및 보수정책), 직원개발(지식관리, 멘토링, 인재관리, 승계프로그램, 경력개발 및 코칭), 세대 맞춤형 환경 조성(근무시간과 수행업무, 세대 간 팀 구성, 암묵적 지식 이전, 혁신과 창의성 장려), 건강과 안전 - 로 제시하였다.

그리고 성공적인 운영을 위해 2가지 중요한 지원 기능 - 내부 커뮤니케이션, 운영자 식별 - 이 얼마나 잘 작동되는가가 중요하다고 하였다.

〈그림 3-1〉 세대 간 협력의 모델

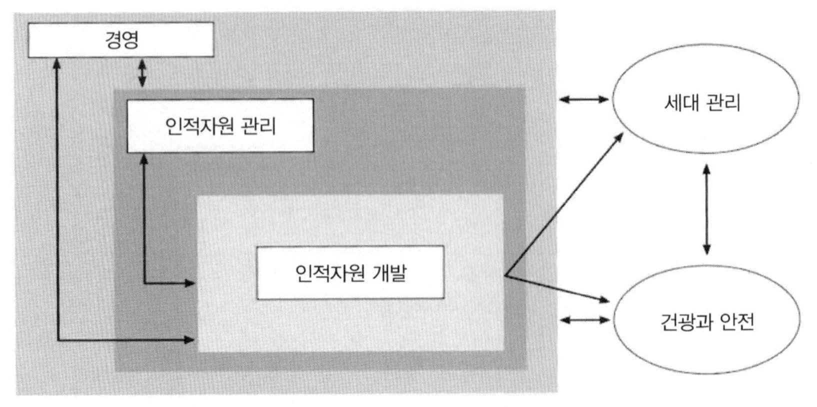

자료 : Živa Veingerl Čič & Simona Šarotar Žižek(2017)

EU OSHA(2016)는 세대 간 경영의 영역으로 세대 간 학습 및 승계프로그램, 직무순환 프로그램 계획 및 개발 참여, 모범적인 리더십, 다양한 커뮤니케이션 채널의 적용, 세대 간 팀(intergenerational teams), 관리자 교육(세대의 특성, 작업 방법 및 동기) 및 세대 간 협력촉진 역할자(기획자, 후원자, 멘토) 도입 등을 제시하였다(Živa Veingerl Čič & Simona Šarotar Žižek, 2017).

이와는 달리 다세대 인력관리 차원에서 영역을 제시한 경우도 있다. IBM Center(2011)는 5가지 영역(communication, work-life balance, growth and development, providing recognition and rewards, employee engagement)을 제시하였고, AARP & SHRM(2017)는 5가지 영역(hiring, engagement, culture, retention & loyalty, benefits)을 제시하였다.

본서에서는 전자를 광의의 영역, 후자를 협의의 영역으로 명명하고 〈표 3-1〉과 같이 정리하였다.

〈표 3-1〉 세대 간 경영의 영역

범위	근거	제시영역
광의의 영역 (intergenerational management in workplace)	Intergenerational cooperation at the workplace from the management perspective	기업의 가치와 전략 및 경영 스타일, 직원의 획득과 유지(다양한 인력의 채용, 신입사원 정착지원, 성과관리 및 보수정책), 직원개발(지식관리, 멘토링, 인재관리, 승계프로그램, 경력개발 및 코칭), 세대 맞춤형 관리(근무시간과 수행업무, 세대 간 팀 구성, 암묵적 지식 이전, 혁신과 창의성 장려), 건강과 안전
	Healthy workplaces for all ages, E- guide (EU OSHA, 2016)	세대 간 학습 및 승계프로그램, 직무순환 프로그램 계획 및 개발 참여, 모범적인 리더십, 다양한 커뮤니케이션 채널의 적용, 세대 간 팀(intergenerational teams), 관리자 교육(세대의 특성, 작업방법 및 동기) 및 세대 간 협력촉진 역할자(기획자, 후원자, 멘토) 도입
협의의 영역 (multigenerational workforces management)	Engaging a multigenerational workforce(IBM Center, 2011)	커뮤니케이션, 워라벨, 성장과 개발, 인정과 보상, 근로자 참여(팀워킹)
	Harnessing the power of a multigenerational workforce (AARP&SHRM, 2017)	채용(Hiring), 참여(engagement), 문화(culture), 보유 및 충성(retention & loyalty), 복지(benefits)

본서에서는 직장 내 세대 간 경영(intergenerational management in workplace)의 영역을 협의의 영역 정의에 따라 커뮤니케이션(communication), 일과 삶의 조화(work-life balance), 성장과 개발(growth and development), 직무 만족(보상 포함), 팀워킹(teamworking), 리더십(leadership)의 6가지를 다루기로 한다.

2. 핵심영역 이론과 실태

2.1. 세대 간 커뮤니케이션

(1) 이론

고령 근로자의 증가, 그리고 고령 근로자 또는 청년 근로자에 대한 부정적인 태도는 직장 내 세대 간 커뮤니케이션을 더 잘 이해할 필요성을 야기한다. 세대 간 커뮤니케이션에 관한 연구는 사회적 정체성 이론(social identity theory)과 커뮤니케이션 수용 이론(Communication Accommodation Theory), 나아가 커뮤니케이션 곤경 모델(The communication predicament of aging model)에 기초하고 있다.[1]

◆ 사회적 정체성 이론(social identity theory)

사회적 정체성 이론은 인간을 세대적 코호트가 다른 사회 집단으로 나누고 자신을 그 사회적 범주에 속하거나 그 사회적 범주와 구별되는 것으로 보는 사회적 존재라고 가정한다(Tajfel & Turner, 1979). 사회를 집단으로 나누는 한 가지 방법은 연령이다(Abrams & Hogg, 1990; Tajfel & Turner, 1979). 연령 분류는 인종이나 성별과 같은 다른 많은 사회적 분류와는 달리, 한 개인이 그 또는 그녀의 삶의 대부분을 통하여 그 분류와 연결되어 있다는 점에서 다소 독특하다.

시간의 흐름에 따라 사람은 한 범주(청년)에서 다른 범주(중년 또는 노년)로 이동한다(Hummert et al., 1994). 특정 연령 코호트의 구성원으로서 개인의 정체성은 커뮤니케이션과 사회적 분류의 기초가 된다(Hogg & Terry, 2001).

캘리포니아 대학교수인 하워드 자일스는 사람들이 그들이 상호작용하는 사람들과 사회적 차이를 강조하거나 최소화하는 방법을 설명하기 위해 이 이론을 개발했다.

◆ 커뮤니케이션 수용 이론 (Communication Accommodation Theory)

커뮤니케이션 수용 이론은 수렴과 발산의 개념에 의존한다. 수렴(convergence)은 개인 간의 사회적 차이를 줄이고, 발산(divergence)은 존재하는 차이를 높이는 개념이다(Giles & Soliz 2014).

수용이라는 용어는 인간 상호 간 커뮤니케이션 차이를 줄이는 것을 말하는데, 그것은 관계적인 거리를 없애고 더 많은 대인관계의 유사성을 만들어 내는 데 도움이 된다.

그래서 커뮤니케이션 수용 이론은 커뮤니케이션하는 사람들이 그들의 파트너를 아웃 그룹의 구성원으로 인식하여 그들의 요구나 스타일에 맞는 커뮤니케이션 전략을 채택할 것이라고 예측한다.

결국, 커뮤니케이션 수용 이론은 개인이 왜 다양한 커뮤니케이션 방법보다 하나의 커뮤니케이션 방법을 선호하는지, 그리고 조직이 직원들 간의 커뮤니케이션 차이를 줄이는 데 어떻게 도움을 줄 수 있는지를 설명하는 데 도움이 된다.

◆ 커뮤니케이션 곤경 모델 (The communication predicament of aging model)

커뮤니케이션 곤경 모델은 세대 간 커뮤니케이션에 대한 부정적인 연령 고정관념의 의미를 설명하기 위해 커뮤니케이션 수용 이론을 이용한다(Ryan, Giles, Bartolucci, & Henwood, 1986).

이 모델에 따르면, 청년층이 고령층을 만났을 때, 외모나 주변 환경과 같은 신체적 또는 상황적 신호가 무능, 의존, 약점과 같은 부정적인 연령 고정관념을 촉발할 수 있다. 이로써 젊은이들은 노인들의 인식된 커뮤니케이션 요구를 수용하기 위해 자신의 언어적 행동이나 비언어적 행동을 수정하는 결과를 초래할 수 있다. 즉, 말의 속도를 느리게 하거나 음량을 높이거나, 언어나 주제를 검열하는 것이 포함될 수 있다. 이러한 수정은 불행하게도 의도된 수신자에게 부적절한 과잉수용일 수 있으며 그런 경우에 노인들은 젊은 파트너에게 불만족스러운 방식으로 반응할 수 있다.

커뮤니케이션 곤경 모델은 과도한 수용이 의미 있는 대화의 가능성을 제한할 수 있는 부정적인 피드백을 주어서 두 파트너 모두에게 불만족스러운 파괴적인 커뮤니케이션을 만들 수 있다고 예측한다.

(2) 실태조사

파멜라 케네디(Pamela Kennedy)는 직장 내 세대 간 의사소통을 조사하기 위해 온라인 설문 조사를 했다(Pamela Kennedy, 2009). 165명의 직장인을 대상으로 세대 간 또는 동일 세대 동료와의 직장 커뮤니케이션에 대해 조사하였다. 조사결과를 보면, 청년층과 고령층은 세대 간 의사소통보다 또래 간 의사소통에 대한 만족도가 더 높았지만, 중년층은 또래 간과 세대 간 의사소통에 대한 만족도가 비슷한 것으로 나타났다.

커뮤니케이션 수용 이론과 일치하는 만족스러운 커뮤니케이션은 수용적 의사소통 행동, 긍정적 감정, 목표 달성으로 특징지어진다. 반면에, 불만족스러운 커뮤니케이션은 적응적인 의사소통 행동, 부정적인 감정, 그리고 목표 달성 불가능 상태로 특징지어진다.

그의 조사결과에서는 작업장 내에서 연령 개념을 형성하는 방식도 확인되었다. 직장 내 구성원 간 상호작용에서 연령의 돌출을 줄이는 데 도움이 되는 공유 정체성을 촉진할 수 있다. 그렇지만, 대인관계 수준에서 공유 정체성이 반드시 일반적인 커뮤니케이션 만족으로 이어지지는 않는다.

(3) 세대별 커뮤니케이션 수단과 방법 선호도

다양한 세대가 있는 곳에서 커뮤니케이션할 때는 각 세대에 동기를 부여하는 방식으로 할 필요가 있다. 〈표 3-2〉는 각 세대의 커뮤니케이션 선호도에 대한 통찰력을 제공한다.[2]

전통주의세대와 커뮤니케이션 할 때는 단어와 어조는 훌륭한 문법, 명료한 어투, 속어 또는 욕설은 피하고 존중해야 한다. 언어는 좀 형식적이고 전문적이어야 하며, 메시지는 회사 역사와 장기적인 목표와 관련되어야 한다.

베이비부머와 커뮤니케이션할 때는 대화는 커피나 점심을 먹으면서 좀 더 친밀하게 해야 한다. 베이비부머들은 관계와 사업성과가 얽혀 있다고 보는 경향이 있다. 또, 상호 관심사에 대해 질문하는 것이 좋다(예: "당신의 아들은 대학에서 어떻게 지내나요?"). 상대방의 의견을 받아 대화에 참여하도록 하고, 메시지를 팀이나 개인의 비전, 임무 및 가치관에 연결해야 한다.

X세대와 커뮤니케이션 할 때는 그 사람의 시간을 낭비하지 말아야 한다. 직접적이고 직설적으로 말을 해야 한다. 회사 상황 등 발언을 삼가는 것이 좋다. 원하는 내용, 서비스 방법 및 원하는 시기를 명확하게 설명하기 위해 이메일 또는 음성 메시지로 남기는 것이 좋다.

Y세대와 커뮤니케이션 할 때는 긍정적으로 표현해야 한다. 문자 메시지를 보내거나 직접 만나야 한다. 메시지를 상대방의 개인적인 목표나 팀 전체

가 지향하는 목표에 연결해야 한다. 거들먹거리지 말고 냉소주의와 빈정거림을 피해야 한다.

〈표 3-2〉 사업장의 세대별 커뮤니케이션 수단과 방법

세대	선호하는 커뮤니케이션 수단	제안된 커뮤니케이션 방법
전통주의 세대	메모, 편지, 개인 노트, 사적 상호교류	단어와 어조는 좋은 문법, 명료한 말씨, 속어나 불경스러운 말을 하지 말고 존중해야 한다. 언어는 형식적이고 전문적이어야 하며 메시지는 조직의 역사와 장기적인 목표와 관련되어야 한다.
베이비부머	면대면, 유선전화, 구조화된 네트워킹	대화는 아마도 커피나 점심을 먹으면서 좀 더 격식을 차리지 않아야 한다. 베이비부머들은 관계와 사업결과가 서로 얽혀 있다고 보는 경향이 있다. 상호 관심사에 대해 질문한다(예: "당신의 아들은 대학에서 어떻게 지내나요?"). 상대방의 의견을 받아 대화를 참여형으로 만들고, 메시지를 팀 또는 개인의 비전 및 사명, 가치관과 연결시킨다.
X세대	보이스 메일, 이메일, 직접적이고 직설적	그 사람의 시간을 낭비하지 말아야 한다. 직설적이고 직설적이다. 기업 상황 등 발언을 피해야 한다. 원하는 항목, 서비스 방법 및 원하는 시기를 명확히 설명하는 이메일 또는 음성 메일을 보내야 한다.
Y세대	디지털(인스턴트 메시지, 블로그 등), 협업적 상호교류	긍정적이다. 문자 메시지를 보내거나 직접 만나도 된다. 메시지를 Y세대의 개인적 목표나 팀 전체가 노력하고 있는 목표와 연결시켜야 한다. 거들먹거리지 말고 냉소와 빈정거림을 피해야 한다.

자료 : Chris Blauth et. al.(2011)

2.2. 세대 간 리더십

(1) 세대 간 리더십 이론

Bernard Bass and Enzo Valenzi의 Five Leadership Model에 따르면, 리더십 행동은 지시적(directive), 협의적(consultative), 참여적(participative), 협상적(negotiative), 위임적(delegative)의 5가지 유형이 있다.

〈표 3-3〉 리더십 행동 스타일

리더십 스타일	정의
지시적 (directive)	리더는 부하직원들에게 무엇을 어떻게 해야 하는지 알려준다. 리더는 행동을 시작한다. 부하들에게 기대되는 것을 말하고, 성과의 기준을 명시하고, 정해진 일을 하는 방법을 완성하기 위해 마감일을 정한다. 또한, 작업 부담의 균형을 맞추기 위해 작업을 재할당하여 용량을 초과하지 않도록 한다.
협의적 (consultative)	리더는 부하들에게 무엇을 해야 하는지를 말하지만, 먼저 그들과 문제를 논의하고 그들의 의견, 감정, 아이디어, 제안을 들은 후에야 실행한다.
참여적 (participative)	리더는 목표에 도달하기 위해 부하들과 문제들을 논의하고 분석한다. 무엇을 어떻게 해야 하는지에 대한 합의와 결정은 그룹 전체에 의해 이루어진다. 부하들도 리더만큼 결정에 대한 책임이 있다. 그들은 동등한 자격으로 의사결정에 참여한다.
협상적 (negotiative)	리더는 원하는 목표를 달성하기 위해 정치적 수단과 협상을 사용하고, 정치적 동맹을 맺는다. 부하들의 기대를 충족시키기 위해 보상을 약속한다. 리더는 자신의 이익에 맞도록 정보를 공개하고, 사회적 거리를 유지한다. 또한, 그들은 규칙을 수정하기도 하고 부하들에게 결정을 내리도록 한다.
위임적 (delegative)	리더는 문제나 필요성, 충족조건 등을 설명하고 제안을 하지만, 무엇을 어떻게 할지는 부하직원에게 맡긴다.

자료 : Gayle Ruddick(2009)

이러한 리더십 행동은 특정 유형의 리더십 이론에서 기능한다. 리더와 추종자(부하)의 관계에 초점을 다루는 리더십 이론은 정신역학 이론(psychodynamic theories), 우발성 이론(contingency theories), 새로운 리더십 이론(new leadership theories)이 있다(Gayle Ruddick, 2009).

◆ 정신역학 이론(psychodynamic theories)

로저 길(Roger Gill)은 정신역학 이론을 "리더의 특성, 그들의 개별 추종자, 그리고 그들의 관계에 초점을 맞추고 있다"라고 설명한다. 추종자들이 지도자들이 그들에게 영향력을 행사하는 것을 허락한다면, 지도자들은 방향과 지침을 줄 것이다. 리더-구성원 교환(Leader-Member Exchange)과 같은 정신역학 이론은 주로 리더와 추종자 사이의 일대일 관계를 조사한다. 정신역학 이론을 실천하는 리더는 리더십의 지시적, 협의적, 참여적, 협상적 또는 위임적 의사소통 행동을 나타내지 않는다. 그러나, 정신역학 이론은 추종자는 리더가 더 효과적이기 위해 기여하고 피드백을 제공한다고 강조한다.

◆ 우발성 이론(contingency theories)

리더십의 우발성 이론은 상황이 사용되는 리더십의 행동 스타일을 부른다고 주장한다. 따라서 모든 리더에게 최고의 리더십 의사소통 행동이 있는 것은 아니다. 그러나 우발성 이론으로 분류되는 일부 이론은 특정 리더십 행동을 선호한다. Hersey와 Blanchard의 상황 리더십(Situational Leadership)은 리더십 스타일이 조직 내에서 추종자의 성숙도를 기준으로 지시적, 협의적, 참여적, 위임적 중 하나라고 제안한다. 또 다른 우발성 이론인 Reddin의 리더십 3-D Model은 상황에 따라 리더십 행동 스타일이 효과적인지 비효과적인지를 보여준다. 효과적인 리더십 스타일은 관료(위임적), 개발자(참여적), 간부(협의적), 자비로운 독재자(지시적)이다. 상황을 살펴봄으로써, 레딘의 리더십의 3-D 모델에 기초한 리더십 행동을 적용할 수 있다.

또 다른 우발성 이론에는 Michael Hackman과 Craig Johnson의 경로-목표 이론(Path-Goal Theory)이 있다. 그들은 추종자들이 어떤 일을 완수하는 것이 그들을 "가치 있는 목표로 가는 길"에 놓이게 할 것이라고 믿는다면 어떻게 더 동기부여가 되고 생산적으로 될 것인지를 조사하는 것이라고 설명한다. 리더의 역할은 과제로 가는 길과 목표의 바람직함을 명확히 하는 방향으로 추종자의 인식을 형성하는 것이다. 리더는 업무와 보상을 명확하게 전달하고 장벽을 제거할 책임이 있다. 그래서 추종자들 사이에서 개인적인 만족감을 만들어내야 한다. 이 이론의 리더십 행동 스타일은 참여적, 지시적, 지지적(supportive), 성취 지향적(achievement oriented)유형이 있다.

◆ 새로운 리더십 이론(new leadership theories)

새로운 리더십 이론은 Bass and Avolio의 자유방임주의로 구성된 범위 리더십 이론(Range Leadership model), 거래적 리더십(지시적), 변혁적 리더십(협의적, 참여적, 위임적, 지시적)으로 가장 잘 설명될 수 있다.

자유방임주의 리더들은 추종자들에게 그들이 원하는 대로 일할 수 있는 자율성을 허용하고, 요청하지 않는 한 추종자들에게 어떠한 간여도 하지 않는다. 본질적으로, 그들은 모든 권력을 포기하고 특별한 리더십 스타일을 사용하지 않는다.

거래적 리더십(transactional leadership)은 추종자들에게 성과에 따라 보상한다. 대부분의 거래적 리더십은 추종자들이 목표를 달성할 수 있도록 지시적 리더십 스타일을 보여준다.

변혁적 리더십(transformational leadership)은 추종자들이 자존감과 자아실현의 더 높은 수준의 요구를 충족시킬 수 있도록 기대 이상의 성과를 달성하도록 동기를 부여한다. 변혁적 리더들은 개인적 고려, 지적 자극, 영감을 주는 동기, 이상화된 영향력의 특성이 있다. 이러한 특성은 위임적, 협의적, 참여적, 지시적인 행동 스타일과 서로 다른 방식으로 밀접하게 관련되어 있다.

이상에서 다룬 3개 리더십 이론과 5가지 리더십 커뮤니케이션 행동(Five Leadership Model)의 관계를 요약하면 다음과 같다.

〈표 3-4〉 리더십 이론과 커뮤니케이션 행동의 관계

리더십 이론		지시적	협의적	참여적	협상적	위임적	기타
정신역학 이론	리더-멤버 교환						○
우발성 이론	상황적 리더십	○	○	○		○	
	레딘의 3-D 모델	○	○	○		○	
	경력-목표 이론	○		○			○
새로운 리더십 이론	자유방임주의						○
	거래적 리더십	○					
	변혁적 리더십	○	○	○		○	○

(2) 세대별 리더십 선호도

세대는 비슷한 신념, 태도, 가치관, 선호도, 그리고 연령을 공유하는 식별 가능한 집단이다. 그리하여 각 세대는 다른 리더십 선호도를 갖고 있다(Ceren Aydogmus, 2019).

◆ 전통주의 세대(Traditionalists)

전통주의 세대는 전쟁과 경제 불황을 겪은 집단으로 특징지어진다. 그들은 열심히 일하고 조직에 충성하며 권위를 존중한다. 그들은 명확하게 정의된 공식적인 관계에서 지시적인 스타일의 리더십으로 가장 잘 작동하는 경향이 있다. 전통주의자들은 관리자와 직원들 사이에 명확한 지휘 체계가 있는 계층적 작업환경에서 일하는 것을 선호한다.

전통주의자들의 리더십 스타일은 위임을 강조하는 구조화된 스타일을 포함해야 한다(Zemke, Raines & Filipczak, 2000). 이런 의미에서, 지시적 리더십(directive leadership)은 전통주의적 가치에 가장 적합할 수 있다.

전통주의자들이 가장 좋아하는 지도자들은 아이젠하워, 프랭클린, 루스벨트와 윈스턴 처칠과 같은 전쟁 영웅이자 카리스마 있는 정치 지도자이다. 그들은 그와 같은 지도자들에게 정직과 충성을 원한다. 이러한 특징들은 권위에 대한 이 세대의 존중과 위계적 관계에 대한 고수와 긍정적인 상관관계가 있다. 그러므로 전통주의자들의 지도자들은 카리스마적 지도자가 효과적일 수 있다.

♦ 베이비부머(Baby Boomers)

베이비붐 세대는 민권과 여성운동, 베트남 전쟁, 우드스톡, 케네디 암살, 워터게이트, 최초의 달 산책, 성 혁명과 같은 사건에 깊은 영향을 받았다. 기업, 정치 및 종교 지도자의 약점을 목격했기 때문에 이들에게는 돌봄, 정직 및 윤리가 필수적이다

베이비부머들은 매니저들이 그들을 조직적인 목표를 향해 이끌기를 기대한다. 그들은 팀워크, 개방적인 의사소통 및 책임 분담이 있는 합의적이고 대화적인 직장을 원한다. 교육 기회를 추구하도록 권장할 필요가 있다. 그들은 직장에서의 평등을 원하고 그들의 개인적인 필요에 주의를 기울이는 지도자들이 있는 것을 좋아한다. 따라서 베이비붐 세대는 상사가 도움이 되고, 접근하기 쉽고, 긍정적이며, 직원들의 행복에 대한 관심을 보이는 지지적 리더십(supportive leadership)을 선호한다.

한편, 이 세대는 팀 환경을 구축하고 상호 신뢰, 존중 및 심리적 지원의 원활한 업무 환경을 조성하는 리더를 원한다. 그들은 자신들이 경험한 사회운동의 영향으로 간디나 마틴 루터 킹과 같은 열정적인 지도자들을 존경하기도 한다. 그래서 그들은 또한 활기차고, 정직하고, 유능하고, 공감적인 카리스마적인 지도자들에게도 끌린다.

◆ X세대(Generation X)

X세대는 에이즈, 챌린저 사건, 세계화, 공산주의의 몰락에 영향을 받았다. 그들은 거대한 다양성, 급격한 변화, 그리고 재정적, 사회적 불안과 함께 자랐다. 이는 집단주의보다 개인주의를 우선시하는 결과를 낳았다.

그들은 전통주의자들과 베이비붐 세대들보다 더 독립적이고, 자급자족하며, 자기 동기부여가 된다. 그들은 정서적 안정을 추구하고 직장에서 비공식적인 것을 선호한다. X세대는 긍정적인 업무 관계, 성장 기회 및 일과 삶의 균형을 이전 세대보다 더 높게 평가한다

X세대는 유연성과 자율성을 추구하기 때문에 유지하기가 어렵다. 그들은 멘토링과 기술 교육을 제공하고 그들이 수행하는 일에 대해 신뢰와 존경을 받고 싶어 하는 리더를 선호한다. 그들은 일반적으로 권위를 싫어하며, 직장에서 평등주의적 관계를 추구한다. 야망, 신뢰성, 역량, 정직, 공정성, 직설적, 참여 및 지원은 이 세대가 선호하는 리더의 특성이다.

이러한 모든 가치를 포괄하는 변혁적 리더십(transformational leadership)이 X세대에게 가장 바람직한 리더십 스타일일 수 있다.

◆ Y세대(Generation Y)

Y세대는 이전 세대보다 기술적으로 정통하고, 개인주의적이며, 더 나은 교육을 받았다. 그들은 이상주의적인 멀티태스킹으로 변화에 익숙하고 글로벌 지구촌의 일원으로서 만족한다. 그들은 다양성을 중요시한다.

Y세대는 교육과 성장의 기회를 통해 멘토링을 제공하는 리더를 선호한다. 이 코호트는 이전 세대와 달리 직업적 성공을 위해 개인적인 추구를 희생하지 않기 때문에 이 세대의 지도자들은 밀레니얼 세대의 일과 삶의 필요

성을 고려할 수 있다. 그들은 집단행동을 믿고 상황을 바꾸려는 의지가 있다.

다양한 리더십 스타일 내에서 Y세대가 가장 선호하는 스타일로 지지적이고 변혁적인 리더십(supportive and transformational leadership) 접근법이 제안되었다(Duquenoy, 2011; Mansor et al., 2017).

그들은 자신의 업무에 자율성과 책임감을 가지면서도 조직 결정에 참여할 수 있도록 지원하고 격려하는 리더가 있기를 원한다. 그들은 그들의 경력의 초기 단계에서 그들을 지도하고 더 높은 도덕적 기준을 보여주고 그들의 추종자들이 옳은 일을 하도록 영향을 미치는 지도자들을 찾기 위해 지지적인 리더십 스타일을 선호한다.

게다가, 지적 자극, 영감을 주는 동기, 그리고 개인적인 배려는 Y세대에게 특히 가치가 있다. 그들은 그들이 더 창의적으로 되도록 자극할 뿐만 아니라 새로운 것을 시도할 수 있는 자유를 제공함으로써 개인적으로 발전하고 자아실현과 이상을 추구하도록 격려하는 리더를 원한다. 바로 변혁적인 리더십 스타일이다.

◆ Z세대(Generation Z)

Z세대는 변화를 만들고 싶어 하지만, 그들에게는 안정적인 직업 환경에서 살아남는 것이 더 중요하다. 그들은 자신감이 넘치고 자신들의 미래를 보장하고 싶어 한다. 그들은 일도 중요하지만, 직장에서의 행복이 가장 중요하다고 느낀다. 이 기준을 충족하지 못하면 쉽게 직장을 그만둘 수 있다.

그들은 Y세대와 마찬가지로 복잡한 신념, 필요, 욕구, 동기 및 이념이 있기 때문에 비전을 가진 관리자를 찾는다. 그러나 그들은 경제적, 재정적, 환경적으로 더 불확실한 시기에 성장했다는 점에서 Y세대와 다르다. 그들은 회사 문화가 강한 직장을 찾고 정보를 숨기지 않는 정직한 리더를 원한다. 이런 의미에서, 리더의 태도와 직업윤리가 사업의 성장이나 쇠퇴를 결정하는 데 가장 큰 영향을 미친다는 윤리적 리더십은 Z세대가 가장 선호하는 스타일일 수 있다.

브라질, 독일, 터키, 캐나다, 중국, 인도, 남아프리카, 스웨덴, 영국 및 미국에서 실시된 최근 연구(Schawbel, 2014)에 따르면, Z세대는 자신들에게 영감을 주고 이성적으로 소통할 수 있는 전략적 관리자를 원하는 것으로 나타났다. 그런 측면에서 변혁적 리더십(Transformational leadership)도 Z세대 직원들에게 잘 맞을 수 있다.

2.3. 세대 간 지식 전수

(1) 세대 간 지식 전수 이론

◆ 지식전환 이론(Knowledge transformation Model)

가브리엘 슐란스키(Gabriel Szulanski, 1996)는 전도모델(conduit model)을 통해 지식은 발신자에서 수신자로 전달될 수 있다고 하였다.

노나카와 타케우치(Nonaka and Takeuchi, 1995)는 SECI(Socialization-Externalization-Combination-Internalization) 모델을 통해 암묵적 지식(tacit knowledge)과 명시적 지식(explicit knowledge)은 어느 하나에서 다른 하나로 전환될 수 있다고 하였다〈그림 3-2〉.

이 모델은 암묵적 지식과 명시적 지식 사이의 관계와 같은 몇 가지 이유로 비판을 받아왔다(Doyel, 1985; Glisby and Holden, 2003; Adler, 1995; Stacey, 2001, Tsoukas, 2008). 그러나 SECI 모델의 관점은 암묵적('know how')에서 명시적('know that')으로 변환할 수 있기 때문에 실천 기반 지식에 더 가깝다.

노나카와 타케우치는 SECI 모델 패턴을 다음과 같이 4단계로 설명한다. ① 사회화 : 공유된 경험을 통해 암묵적 지식을 만들어내는 과정, ② 외부화 : 암묵적 지식을 명시적 지식으로 옮기는 과정, ③ 결합화 : 명시적 지식의 정렬, 추가, 재분류 및 재구성을 통해 기존 정보를 재구성하는 과정, ④ 내면화 : 명시적 지식을 암묵적 지식으로 옮기는 과정(전통적인 '학습'과 유사)

〈그림 3-2〉 SECI 모델 패턴

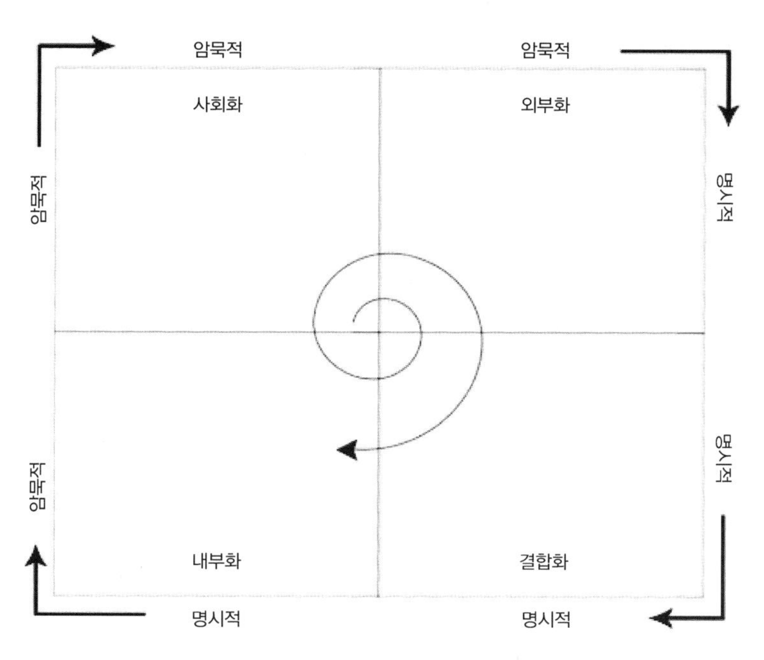

자료 : Nonaka and Takeuchi(1995).

♦ 사업장 내 지식 이전 이론

청년 직원과 고령 직원 간의 지식 이전과 관련하여 학자들은 그것이 단방향 프로세스인지 양방향 프로세스인지에 대해 논의해 왔다(Ulrike Fasbender1 and Fabiola H. Gerpot, 2022).

단방향 관점은 고령 발신자로부터 청년 수신자로 흐른다고 가정한다. 원천-수신자 모델(source – recipient model)이다. 반면에 양방향 관점은 지식이 두 가지 방향으로 흐르기 때문에, 고령 직원과 청년 직원은 지식의 발신자이자 지식 수신자이다. 상호 교환 모델(the mutual exchange model)이다.

원천-수신자 모델은 일반적으로 고령 직원이 더 많은 작업 경험을 가지고 있으므로 청년 직원과 공유할 수 있는 더 많은 지식을 보유하고 있다는 것이다(Voelpel, Sauer & Biemann, 2012).

그러나 상호 교환 모델은 고령 직원과 청년 직원 모두가 고유한 지식을 가지고 있기 때문에 상호 지식 교환의 중요성을 강조한다(Harvey, 2012; Tempest, 2003). 예를 들어, 청년 직원들은 자신의 최신 과학적 또는 기술적 통찰력을 공유함으로써 기여할 수 있는 반면에, 고령 직원들은 다양한 작업경험을 갖고 있음으로써 그러한 아이디어를 기업 특수적 상황에 통합하는 방법에 대한 통찰력을 공유함으로써 기여할 수 있다(Gerpott, Lehmann-Willenbrok, & Voelpel, 2017).

♦ 세대 간 학습의 단계적 모델 (A Phase Model of Intergenerational Learning in Organizations)

Fabiola H. Gerpott(2017)은 세대 간 학습은 일반적으로 세 가지 예측 가능한 단계를 거친다고 하였다. 즉, ① 그룹 구성원 간의 관계가 정의된 친숙화 단계(familiarization phase), ② 다른 연령 그룹의 견습생 간의 유사성이 개발되고 강조된 동화 단계(assimilation phase), ③ 그리고 분리세대 간 학습의 확립된 성격이 크게 변화하고 참가자들이 새로운 직업에 집중하기 위해 심리학적 초점을 변경한 배급 단계(detachment)이다.

〈그림 3-3〉 참가자의 연속 학습 단계

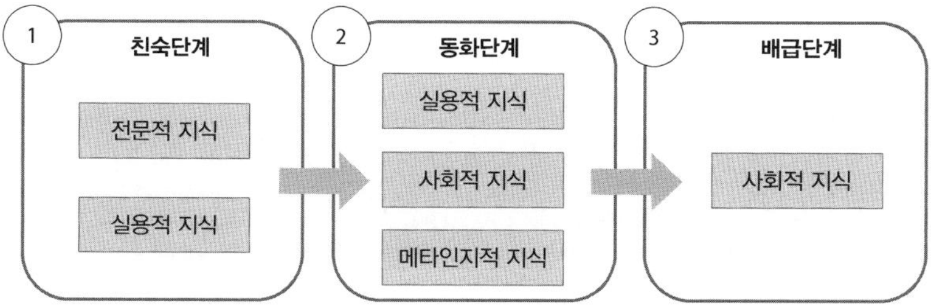

1 친숙단계
전문적 지식
실용적 지식

2 동화단계
실용적 지식
사회적 지식
메타인지적 지식

3 배급단계
사회적 지식

자료 : Fabiola H. Gerpott(2017)

친숙화 단계(familiarization phase)는 약 5개월에서 9개월 동안 지속된다. 참가자들은 조심스럽게 서로에 대해 알아간다. 고령 훈련생과 청년 훈련생들이 상호작용을 할 때, 그들은 대부분 업무와 관련된 주제에 대해 이야기한다. 고령 훈련생들은 자격증을 통과하지 못할까 봐 불안감을 갖는다. 청년 훈련생들은 고령 훈련생들의 기술에 대해 긍정적인 태도를 보이고 있지만, 고령 훈련생들이 "똑똑한 사람들"이라고 거들먹거릴 수 있다고 우려한다.

동화 단계(Assimilation phase)는 친숙화 단계 이후에 나타난다. 고령 훈련생과 청년 훈련생은 점점 더 그들의 유사성을 인식한다. 의도적으로 세대 간 팀을 구성한다. 청년 훈련생은 고령 훈련생을 가르칠 때 더 자랑스럽고 유능하다고 느낀다.

배급화 단계(Detachment phase)는 마지막 단계이다. 새로운 작업 공간 및 업무로 초점을 전환한다. 청년 훈련생들과 고령 훈련생들은 직업훈련 그룹 내의 하위 그룹으로 나뉘고, 같은 나이의 동료들과 함께 부서에 배치되기 위해 노력한다.

(2) 세대별 학습 스타일

전통주의세대는 조직에 충성하고 권위에 대한 존경심을 갖고 있으며, 명령과 통제에 의한 리더십을 선호한다. 직업 생활에 있어서 희생적이다.

베이비부머는 전후 인구 급증기에 태어났다. 그들은 더 나은 미래를 위해 경쟁적이고, 이상적이다. 그들은 조직의 역사를 이해하고 좋은 팀 플레이어로서 역할을 한다. 그들의 공헌과 경험이 인정되는 것을 좋아한다. 그들은 디지털 이민자(digital immigrants)이다. 그들은 학습할 때 말로 전달하고 교재를 사용하고 공식적인 것을 선호한다.

X세대는 제도가 아니라 그들 자신을 신뢰한다. 그들은 회의적이고 독립적이며 일과 삶의 균형을 추구한다. 그들은 규칙과 관료성을 싫어한다. 그들은 공식적 학습이건 비공식적 학습이건 잘 습득한다. 그들은 교실 기반 학습을 편안해 한다. 그들은 말 전달방법 보다 시각적인 방법을 선호한다.

Y세대는 기술적 임기응변, 가치 다양성, 글로벌 전망을 갖고 있다. 그들은 많은 피드백과 커뮤니케이션을 선호한다. 그들은 한 직업(직장)에 오랫동안 머물기를 좋아하지 않는다. 그들은 디지털 원주민(digital natives)이다. 그들은 듣는 것 보다 하는 것을 좋아한다.

지금까지 세대별 특성과 학습 스타일에 대해 설명하였다. 그중에서 학습 스타일은 디지털 이민자와 디지털 원주민 세대로 분리해서 다음과 같이 비교할 수 있다.[3]

〈표 3-5〉 세대별 학습 스타일 비교

디지털 이민자(선행 세대)	디지털 원주민(가상 세대)
정보의 선형적(단편적) 획득	학습의 비선형적(다각적) 획득
사실과 지식획득에 초점	재학습(학습방법 학습)에 초점
가르치는 학습	자율적인 학습
제한된 시간의 학습	24시간 학습
면대면 학습	쌍방향 가상 학습
의무 중심 학습	흥미 중심 학습
기계적 습득 학습	유사한 리뷰 학습

자료 : Diane Piktialis and Kent A. Greenes(2008).

이를 각 세대별로 정리하면 다음과 같다.

〈표 3-6〉 세대별 선호 학습 스타일과 티칭 방법

세대	선호하는 학습 스타일	효과적인 티칭 방법
베이비부머	- 대면 커뮤니케이션 - 구두 교육	- 하드카피 읽기 자료 - 공개토론 - 질의응답 시간
X세대	- 능동적 참여 - 대화형 소셜 러닝	- 공개토론 - 티치백법(Teach-back method)
Y세대	기술기반 학습	- 대화형 앱 - 웹 사이트 - 유튜브 동영상
Z세대	기술기반 학습	- 디지털 인포그래픽 - 대화형 앱

자료: Ginny Moore et. al.(2021).

지식 전수는 전수자와 학습자를 모두 고려해야 성공적으로 이루어질 수 있다. 특히 학습자의 경우에는 세대별 학습 스타일을 고려하지 않는다면 학습효과가 많이 떨어질 수 있다.

2.4. 세대별 워라벨

(1) 워라벨 이론

기술발전과 성별 다양성은 다양한 세대의 사고방식을 형성해 세대 간 차이를 만들어내며, 이는 개인이 일과 삶의 균형에 대한 인식을 어떻게 정의하는지에 직접 영향을 미친다. 워라벨 이론은 경계 이론과 행동 크래프팅 이론, 사회 정체성 이론으로 설명될 수 있다(Nhi Nguyen Hoang Yen, 2020).

〈그림 3-4〉 워라벨 이론

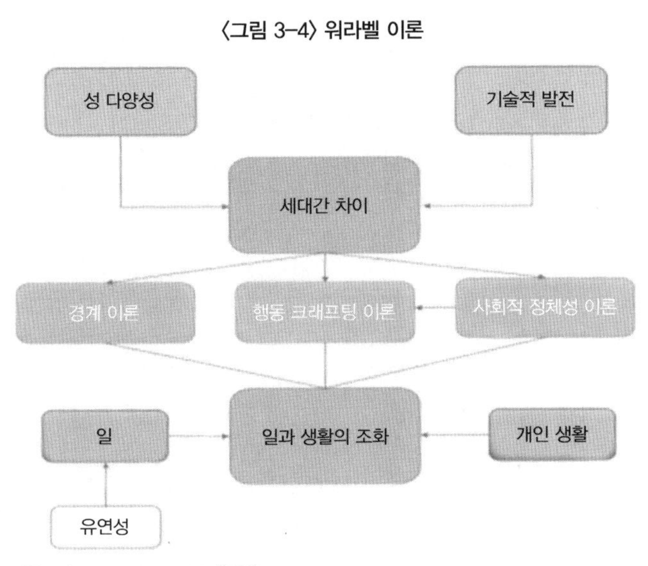

자료 : Nhi Nguyen Hoang Yen(2020).

♦ 경계 이론(The border theory)

경계 이론은 사람들은 일과 가정의 영역 사이에서 매일 경계를 넘나드는 존재라고 설명한다. 그것은 개인이 균형을 유지하기 위해 서로 다른 일과 삶의 영역을 어떻게 다루는지를 설명한다(Sue Campbell Clark, 2000).

주창자인 클라크는 세 가지 형태의 경계(물리적, 시간적, 심리적)를 제기했다. 물리적 경계는 영역과 관련된 행동을 만드는 사무실이나 집의 벽을 의미한다. 시간적 경계는 개인이 언제 일을 끝내고 가족의 책임을 시작하는지 정의하고 결정하는 근무시간이다. 심리적 경계는 적절한 사고를 규제하는 규칙이다. 하나의 영역이 다른 영역에 간섭하지 않도록 함으로써 일과 삶의 균형을 향상시킨다.

또, 클라크는 개인의 일과 삶의 균형을 결정하는 특성을 유연성, 투과성, 혼합성으로 설명하였다. 일과 삶의 신체적 · 심리적인 부분과 사람들이 그러한 영역들 사이에서 어떻게 변동하는지를 설명한다.

일과 삶의 균형을 달성하기 위해 사람들은 협상을 통해 자신의 방식대로 일과 가정의 경계를 형성하고 필요한 경우 그러한 영역의 성격까지 수정할 수 있다. 예를 들어, 일과 삶의 균형을 위해 직장에서 유연근무제도를 도입했다고 하자. 그러한 제도의 효과는 사람이 그러한 정책을 어떻게 인식하고 활용하는가에 따라 달라질 수 있다. 유연성은 일과 삶의 융합 과정을 자극하는 촉매 역할을 할 수 있어 유연성과 혼합성의 투과성 수준을 높일 수 있다.

◆ 잡 크래프팅(Job Crafting)

잡 크래프팅은 직원들이 자신의 업무와 업무 프로세스를 직접 설계하는 관행으로 개인이 자기 일의 업무 또는 관계적 경계에서 수행하는 물리적 · 관계적 · 인지적 변화로 정의할 수 있다.

이에는 과업 크래프팅(Task Crafting), 관계적 크래프팅(Relational Crafting), 인지적 크래프팅(Cognitive Crafting)이 있다(Wrzesniewski & Dutton, 2011).

〈표 3-7〉 잡 크래프팅의 형태

구분	인지적 크래프팅 (작업을 해석하는 방법 및 작업의 광범위한 목적을 변경)	과업 크래프팅 (작업을 구성하는 작업의 유형, 범위, 순서 및 수를 변경)	관계적 크래프팅 (작업 시 누구와 상호작용하고 누구로부터 배우는가를 변경)
사례	건설 노동자는 자신의 직업을 두 부분으로 나누어 생각한다. 하나는 일상적인 업무이고, 다른 하나는 가족의 미래의 집을 짓는 데 의미 있게 기여한다.	설계 엔지니어는 원하는 출력을 달성하기 위해 자신의 요구, 용량 및 능력에 가장 적합하도록 프로세스를 맞춤화한다.	병원 청소부는 환자와 가족이 하는 일을 통해 적극적으로 환자와 가족을 돌보며, 병원의 작업 흐름에 통합된다.
일의 의미에 대한 효과	우리의 직업을 바라보는 방식을 바꾸는 것은 근본적으로 우리가 그것에 접근하는 방식을 바꾸는 것을 의미한다. 우리는 역할의 일부가 덜 재미있을 것이라는 인식이 있지만 더 의미 있는 측면도 있기 때문에 그 일을 한다.	작업은 보다 시기적절한 방식으로 완료되고, 엔지니어들은 직업의 의미를 프로젝트의 보호자나 추진자가 되는 것으로 바꾼다.	청소부들은 그들의 직업의 의미를 병자들의 조력자로 바꾸고, 층(floor) 단위의 일을 그들이 중요한 부분인 통합된 전체로 본다.

자료 : Wrzesniewski & Dutton(2001)

같은 세대 사람들은 일과 삶의 균형에 대해 어느 정도 공통된 의견을 가지고 있고, 이는 또한 다른 세대들이 일과 삶의 균형을 인식하는 데 일정한 수준의 차이를 공유할 것임을 시사한다.

◆ 사회적 정체성 이론(Social Identity theory)

사회 정체성 이론은 사람의 정체성에 대한 감각은 그가 속한 사회 집단에 기초한다고 말한다(Henri Taifj, 1974). 주창자인 앙리 타이지는 개인의 자존감과 자아정체성은 집단에서 나오며, 자기 분류나 정체성의 과정을 통해 정체성이 형성된다고 하였다. 특정한 사회적 정체성을 갖는 사회적 집단에 속한다는 것은 집단의 관점에서 사물을 고려하고 집단의 기대에 부응하기 위해 노력한다는 것을 의미한다(Stets & Burke, 2016).

이 이론은 사람들이 그들이 속한 집단의 특정한 특성과 자신을 완전히 동일시할 때, 일과 삶의 균형이 더 이상 그들의 우선순위가 아닌 것처럼 보이는 방식으로 일과 삶의 균형 개념과 관련이 있다.

그들은 일과 삶의 균형을 이룰 필요를 느끼지 않을 정도로 정체성을 채택하려고 노력하고, 대신에 그들 자신을 위한 특정 정체성이 되려는 목표를 정복하는 데 초점을 맞춘다.

(2) 세대별 워라벨 선호도

세대별로 워라벨에 대한 선호도가 다르게 나타난다(The Work Comp Experts, 2019).

베이비붐 세대는 종종 후대에 비해 고용주와 더 오래 직장에 머문다. 이것은 직장 내에서 더 높은 책임감에 해당할 수 있지만, 더 많은 스트레스를 갖게 되고 일과 삶의 균형을 갖지 못함을 의미한다. 그들은 노동에서 벗어나서 건강 상태를 관리하고 고령의 부모를 돌보면서 유연한 일정 옵션을 갖는 데 매력을 느낄 수 있다.

X세대는 부모가 되어 자녀를 돌보는 것과 고령의 부모를 돌보는 것 사이의 경계를 넘나들고 있다. 따라서 유연한 근무시간이나 재택근무 등은 이 세대에게 특히 매력적인 선택이 될 수 있다.

밀레니얼 세대는 이전의 X세대처럼 직장 밖의 삶에 중점을 두고 휴가, 재택근무, 캐주얼 복장 선택에 큰 가치를 두고 일을 하기보다는 더 똑똑하게 일하는 것을 선호한다.

Z세대는 일과 삶의 균형에 있어 밀레니얼 세대와 매우 비슷하다. 이들의

최우선 관심사는 재정 및 의료와 관련된 스트레스 수준이다. 그래서 Z세대 직원들은 고용주의 강력한 의료계획과 직장 밖 생활 방식을 지원하기 위한 임금인상 기회에 관심이 있을 것으로 예상된다.

2.5. 세대 간 팀 워킹(intergenerational teamworking)

(1) 이론

효과적인 팀워크의 중요한 측면은 팀 상황과 개인의 기질 측면에서 그룹 역학을 이해하는 것이다. 팀이 최적의 성과를 내고 위기를 효과적으로 관리하는 데 도움이 될 수 있는 작업장 적용모델은 다음과 같이 5가지가 있다(S. McCahan, 2015).

♦ Tuckman 팀 모델

Bruce Tuckman이 제안한 팀 개발 선형모델은 팀 개발의 가장 유명한 이론 중 하나이다. 그는 팀이 진행할 수 있는 5단계 - 형성(Forming), 폭풍(Stroming), 규범(Norming), 수행(Performing), 연기(Adjourning) - 를 설명한다〈그림 1〉. 각 단계는 구성에서 생산으로 이동하며 단계가 선형으로 보이지만 실제로는 팀에 영향을 미칠 수 있는 이벤트와 그들이 사용하는 커뮤니케이션 전략에 따라 팀이 이전 단계인 뒤로 이동할 수 있다. 일부 팀은 무대에서 정체되어 잠재력을 완전히 실현시키지 못할 수도 있다.

〈그림 3-5〉 Tuckman 팀 모델

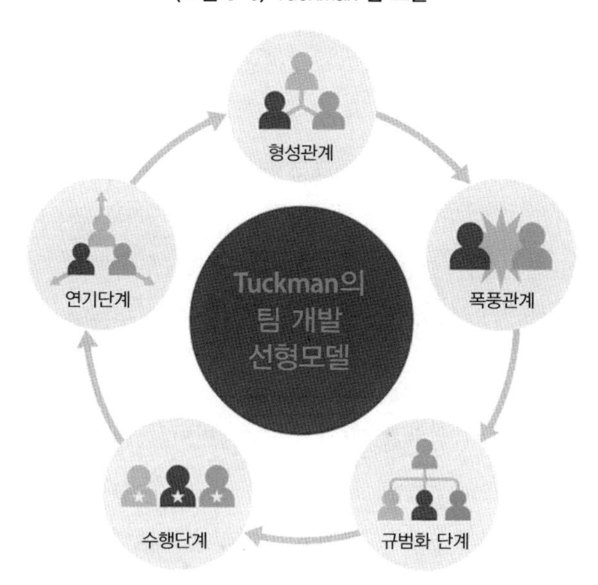

자료 : S. McCahan(2015).

〈그림 3-6〉은 단계별로 각 팀원의 궤적을 나타낸 것이다.

〈그림 3-6〉 Tuckman 팀 모델의 단계적 궤적

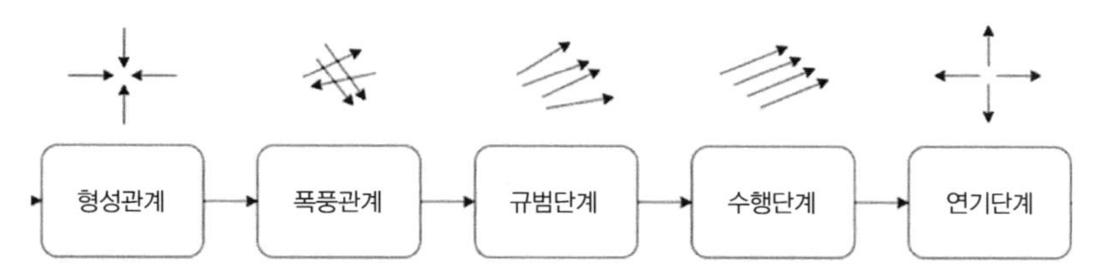

자료 : S. McCahan(2015).

모두가 서로를 알아가고 좋은 인상을 남기려고 노력하는 형성 단계는 공유된 기대치, 지침 또는 팀 헌장을 만들기에 좋은 시기이다. 팀 구성 활동은 신뢰를 구축하고 팀원의 다양한 강점과 약점을 파악하는 데 도움이 된다. 이것은 대인관계 및 직업 수준 모두에서 예비경계와 기대치가 설정되는 오리엔테이션 단계이다.

폭풍 단계는 집단 갈등이 가장 자주 나타나는 단계이다. 개인이 서로의 동기에 대해 더 많이 알게 되면서 예비경계와 기대치가 도전받는 경우가 종종 있다. 이것은 각 구성원이 잠재적으로 프로젝트의 초점이 될 수 있는 아이디어를 제공하는 디자인 프로세스의 브레인스토밍 단계와 일치한다. 팀원들이 서로의 장단점을 파악하고 프로젝트에서 자신의 역할을 결정하는 단계이기도 하다. 이 단계에서 갈등과 타협의 건설적인 잠재력을 활용하는 방법을 배우는 것은 다음 단계로 진행하는 데 중요하다.

규범화 단계에서 갈등이 해결되고 팀원이 융통성을 발휘하면 모든 것이 순조롭게 진행되며 각 팀원은 자신의 역할을 알고 프로젝트에서 자신의 역할을 수행한다. 때때로 사람들은 이 단계에서 독립적으로 작업하지만, 작업 흐름이 효율적이고 효과적인지 확인하기 위해 팀 동료와 자주 확인한다. 그룹 응집력은 모든 사람이 작업과 서로에 대한 책임을 지게 한다. 팀원이 자신의 역할, 팀 기대치 또는 전반적인 목표를 완전히 이해하지 못하는 경우 이 단계에서 문제가 발생할 수 있다. 형성 단계 또는 폭풍 단계로 돌아가야 할 수도 있다.

첫째 팀이 수행 단계에 도달하는 경우는 드물다. 이는 팀이 여러 프로젝트를 함께 잘 수행하고, 시너지를 창출하고, 프로젝트를 원활하고 효율적으로 진행할 수 있는 시스템을 개발했을 때 발생하기 때문이다. 수행 팀은 당면한 작업을 처리하기 위해 신속하고 상호 의존적으로 움직일 수 있다.

연기 단계에서 연기하고 각자의 길을 가는 것은 종종 이러한 팀에게 다소 감정적일 수 있다.

◆ DISC 모델

William Moulton Marston이 개발한 DISC 모델은 갈등 관리에 유용한 모델로 발전했다. 이 모델은 네 가지 특성 즉, 지배(dominance), 영향력/영감(influence/inspiring), 인내/지지(steadiness/supportive), 순응/성실(compliance/conscientiousness)로 설명된다〈그림 3-7〉.

〈그림 3-7〉 DISC 모델

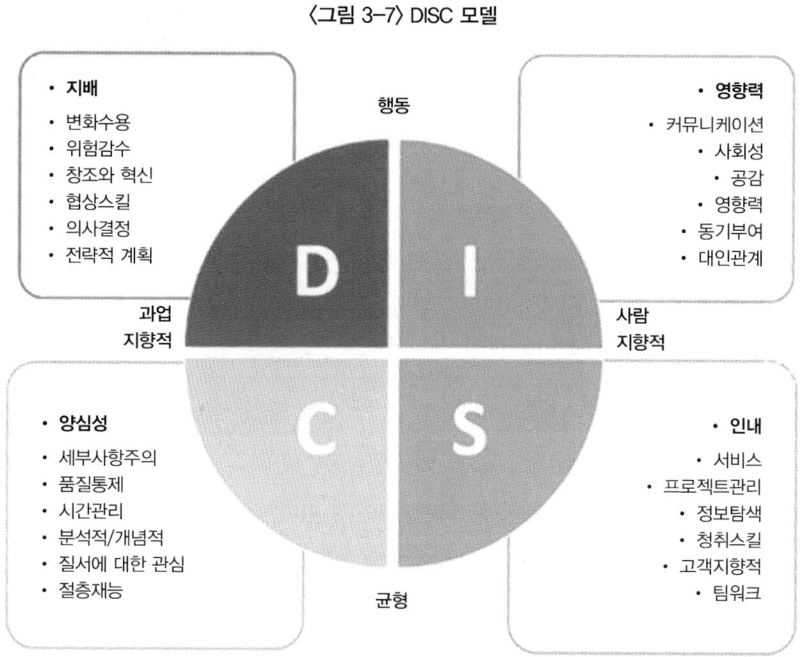

자료 : S. McCahan(2015).

팀원의 성격 특성에 대한 통찰력이 있으면 갈등을 해결하려고 할 때 도움이 될 수 있다. 4가지의 일반적인 특성은 다음과 같다.

지배(dominance) 유형은 직접적이고 결과 지향적이다. 그들은 강한 의견이 있는 경향이 있고 경쟁과 성공에 의해 동기부여가 된다. 영향력/영감

(influence/inspiring) 유형은 다른 사람들에게 영향을 주고 설득하는 데 탁월하다. 그들은 사회적 인식에 의해 동기부여를 받는 경향이 있다. 안정/지지(steadiness/supportive) 유형은 인내심이 강하고 다른 사람을 돕는 것을 좋아한다. 그들은 협동심과 팀의 성취에 의해 동기부여를 받는 경향이 있다. 순응/양심(compliance/conscientiousness) 유형은 분석적이고 신중하다. 그들은 지식을 얻고 그것을 증명할 수 있게 됨으로써 동기부여가 되는 경향이 있다.

♦ GRIP 모델

Richard Beckhard의 GRIP 모델은 스포츠 상황에서 널리 채택된 모델로 매우 효과적인 팀워크의 네 가지 구성요소(목표, 역할, 대인관계, 프로세스)로 요약된다.

목표는 우리가 달성하기를 원하는 것이다. 모든 사람은 팀과 조직의 목표를 완전히 이해하고 헌신해야 한다. 신뢰를 구축하고 발전하며 원하는 결과를 달성하려면 모든 사람의 목표가 일치해야 한다. 역할은 구성원이 무엇을 언제 어떻게 할 것인가이다. 모든 팀 구성원은 자신이 담당하는 역할, 기대되는 사항, 책임을 지는 방법을 알아야 한다. 대인관계는 우리가 어떻게 소통하는가이다. 양질의 의사소통과 협업은 팀 구성원 간의 신뢰를 요구하고 육성된다. 갈등에 대처하고 진전을 이루기 위해서는 민감성과 유연성이 필요하다. 프로세스는 우리가 어떻게 기록하고, 의사결정을 하며 행동하는가로 이루어진다. 의사결정 방법, 문제 해결 및 갈등해결방법에 대해 정의된 시스템을 완료하기 위해 따라야 할 작업 흐름과 절차를 정의한다.

〈그림 3-8〉 GRIP 모델

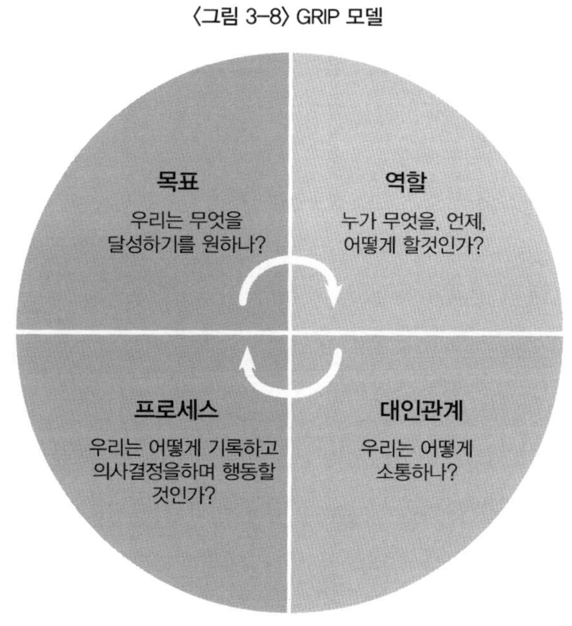

자료 : S. McCahan(2015).

◆ 토마스와 킬만의 충돌 모드(Conflict Mode) 모델

팀 갈등을 처리하기 위한 토마스와 킬만(Thomas와 Kilmann)의 모델은 팀 갈등을 관리하는 다섯 가지 주요 접근 방식(경쟁, 수용, 타협, 회피 및 협력)을 두 가지 척도의 매트릭스에 배치한다. 자신의 필요를 충족시키는 정도인 자기주장(Assertiveness)과 다른 팀 구성원의 필요를 충족시키려는 정도인 협력성(Cooperativeness)이다.

각 접근 방식은 긍정적인 영향과 부정적인 영향을 모두 가질 수 있다.

- 경쟁성(competing) : 매우 독단적이지만 비협조적인 행동이다. 어떤 대가를 치르더라도 이기고 지배하려는 충동이 특징이다. 이로 인해 적대감이 생길 수 있지만, 팀원들이 건설적으로 경쟁하도록 자극하여 잘 관리하면 흥미로운 혁신으로 이어질 수 있다.

- 수용성(accommodating) : 매우 협조적이고 독단적이지 않은 행동이다. 갈등을 피하는 좋은 방법처럼 보일 수도 있지만, 다른 사람을 달래기 위해 좋은 생각을 스스로 침묵하게 만들 수도 있고, 이는 원망으로 이어질 수도 있다.
- 타협성(compromising) : 이 접근 방식은 가장 온건하며 건설적으로 보일 수 있지만, 불만족과 평범한 진행 과정 또는 바람직하지 않은 결과로 이어질 수 있다.
- 회피성 (avoiding) : 비주장적이고 비협조적인 행동이다. 이는 단순히 문제를 피하고 해결책의 필요성을 무시하기 때문에, 갈등을 다루는 가장 비효율적인 방법이다. 그러나 문제에 대한 실행 가능한 해결책이 불가능해 보일 때 문제를 해결하는 가장 좋은 방법이 될 수도 있다.
- 협력성(collaborating) : 적극적이고 협력적인 태도는 팀 전체에 도움이 되고 존중을 받는 솔루션을 찾는 가장 좋은 방법이다.

◆ 렌시오니 모델

렌시오니(Lencioni)는 2005년 그의 책 'The Five Dysfunctions of a Team'에서 효율성에 영향을 주는 5가지 팀 문제에 대해 언급하였다.

- 신뢰의 결여 : 만약 팀 구성원들이 서로를 믿지 않는다면, 그들은 위험을 감수하거나 도움을 요청하지 않을 것이다. 신뢰가 부족하다는 것은 팀으로서 효과적인 의사소통과 수행을 어렵게 하는 낮은 수준의 편안함을 의미한다.
- 갈등에 대한 두려움 : 갈등을 피하는 것은 진보와 혁신을 희생시키면서 인위적인 평화로 이어질 수 있다. 갈등은 팀 작업의 정상적인 부분이며 효과적으로 관리된다면 매우 생산적일 수 있다.

- 헌신의 부족 : 팀 구성원들은 일하는 데 전념하지 않고, 결정이나 업무를 완수하지 않으며, 마감일을 지키지 않으며, 팀원들을 실망시켜 궁극적으로 전체 프로젝트의 성공에 영향을 미친다.
- 책임회피 : 그들은 다른 팀원들에게 향상을 강요하지 않고, 다른 사람들의 아이디어나 행동에 의문을 제기하지 않으며, 서로에게 높은 기준을 강요하지 않는다. 게다가, 그들은 실패한 팀원들을 커버하지 않는다. 이것은 팀이 목표를 놓칠 수 있다는 것을 의미한다.
- 결과에 대한 부주의 : 팀원들이 프로젝트 목표 대신 자신의 개인적인 목표에 집중할 때, 그들은 실제로 프로젝트의 성공을 측정하는 예상결과를 보지 못한다. 프로세스 중에 결과에 집중하지 않는다는 것은 아무도 결과를 개선할 방법을 계획하지 않는다는 것을 의미한다.

이러한 기능 장애를 각각 해결하기 위해 렌시오니는 〈그림 3-9〉의 피라미드에 표시된 다섯 가지를 다루라고 조언한다. 그중 신뢰를 구축하는 것은 갈등을 관리하고, 약속을 달성하고, 책임감을 조성하며, 결과에 집중할 수 있는 중요한 첫 번째 단계이다.

〈그림 3-9〉 렌시오니 모델

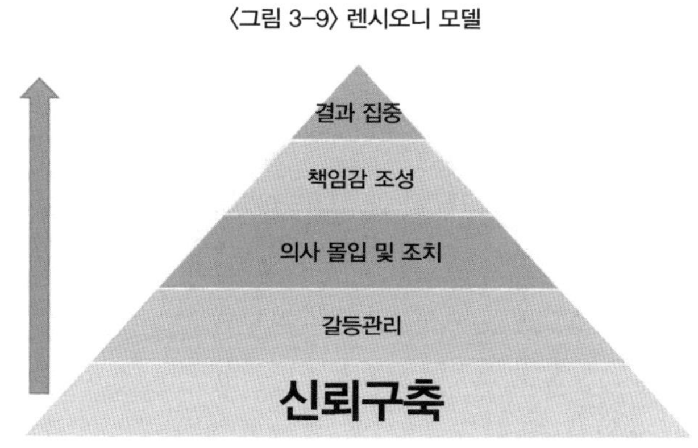

자료 : S. McCahan(2015).

(2) 팀 다양성 정도

2021년 글로벌 근로자들의 팀 다양성에 대한 태도 조사에 의하면, 베이비붐 세대는 전체의 35%가 매우 다양하다고 응답했고, X세대는 41%, MZ세대는 51%가 그렇다고 응답했다(Global Consumer Trends report on Diversity, Equity, and Inclusion, 2022).

〈그림 3-10〉 팀 다양성에 대한 태도 조사

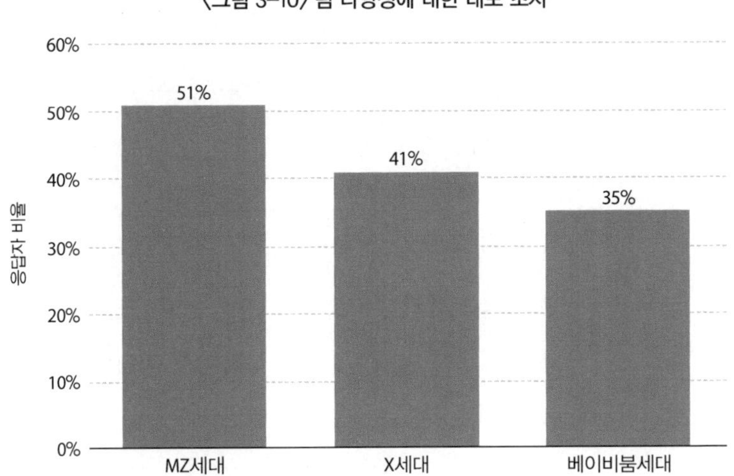

2.6. 세대별 직무 만족

(1) 직무 만족 이론

◆ 로크의 영향 범위 이론(The range of affect theory)

조직 심리학에서 기원한 에드윈 로크(Edwin Locke)의 영향 범위 이론(1976)은 직무만족도의 가장 잘 알려진 모델이다.

로크의 이론은 사람들이 그들의 기대가 얼마나 잘 충족되는지와 함께 그들의 직업의 다른 측면들을 얼마나 가치 있게 평가하는지의 중요성을 인식했다. 간단히 말해 우리의 가치는 우리의 기대를 알려주고, 이것들이 현실에 가까울수록 우리는 더 많은 만족감을 느낀다. 예를 들어, A라는 사람이 팀워크와 협업을 매우 중요하게 여기는 반면에 B라는 사람은 이 측면을 중립적으로 생각한다면, A라는 사람은 이 기대가 그들의 직업에 의해 충족되지 않는다면 불만을 느낄 가능성이 더 크다.

하지만 로크는 좋은 것이 너무 많으면 직업에 대한 불만족으로 이어진다고 주장했다. 상기 예에서 팀워크에 중점을 둔다면, 개인 A(그리고 개인 B)는 그들의 직업에 대해 부정적인 경험을 할 수 있다.

◆ 기질적 접근법(The dispositional approach)

기질적 접근법은 정서적 기질이 직무만족도를 예측한다는 증거에 따라 형성되었다(Staw, Bell & Clausen, 1986). Staw, B. & Clausen은 긍정적이거나 부정적인 감정을 경험하는 사람들의 성향이 직무만족도의 개인차를 설명한다고 주장했다.

기질적인 접근법은 비판에 주로 경험적인 접근법에 의해 제한되어 있기 때문에 직면해 있다. 그러나 성격 연구자들은 성격 특성이 시간이 지남에 따라 대체로 안정적으로 유지되고 있으며, 다른 직업과 경력을 통해서도 직무만족도는 마찬가지라는 것을 보여주었다(Staw & Cohen-Charash, 2005).

연구자들은 직무 속성과 무관하게 직무만족도의 안정성을 매개하는 네 가지 자체 평가를 입증했다(Judge, Locke, & Durham, 1998). 즉, 자존감(직무만족도 향상과 연관된 높은 수준), 자기효능감(높은 수준으로 직무만족도 향상), 통제의 중심(통제의 중심이 외부보다는 내부로 향하는 경향은 직무 만족과 관련이 있음), 신경증(낮은 수준이 직업 만족도를 높이는 것과 관련이 있음)이 그것이다.

◆ 직무특성 모델(The Job Characteristics Model)

직무특성 모델은 사람들이 자기 일에 만족하고 효과적으로 수행하기 위해 동기부여가 되는 조건을 명시하는 것을 목표로 한다(Hackman & Oldham, 1976). 메타 분석을 통해 이러한 직무 만족 이론을 뒷받침함으로써, 직무 만족으로 이어지는 업무의 특성을 검사하는 데 일반적으로 사용되었다(Fried & Ferris, 1987).

다섯 가지 핵심 특성(스킬 다양성, 과업 정체성, 과업 중요성, 자율성, 피드백)이 보고되었고, 세 가지 심리 상태(일의 의미성, 성과의 책임성, 결과의 지식)가 만족으로 가는 일종의 '게이트 웨이' 역할을 한다.

〈그림 3-11〉 직무특성이론의 개념도

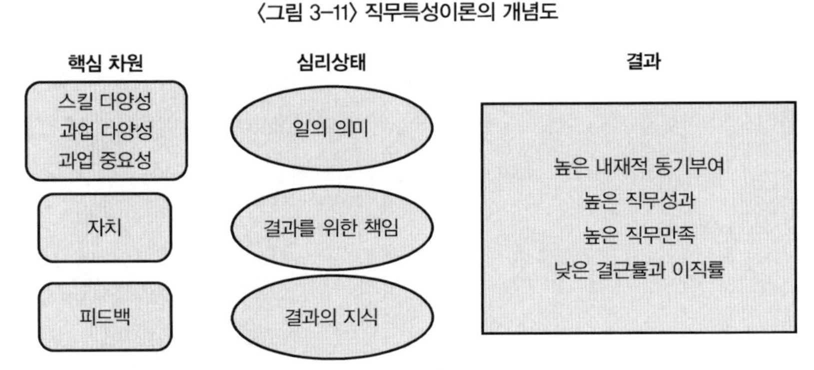

자료 : Steptoe-Warren (Occupational Psychology, 2013, p. 174)

◆ 형평성 이론(Equity theory)

형평성 이론은 1960년대 직장 및 행동 심리학자 존 스테이시 애덤스(John Stacey Adams, 1965)에 의해 제시되었다. 그는 일자리는 고용주와 직원 사이에 '주고받은' 것이 얼마나 많은지에 대한 지속적인 평가를 포함한다고 가정했다.

이 모델의 기본 전제는 직무 만족과 동기부여는 직원의 '입력'과 '출력'

사이의 공정한 균형에서 비롯된다는 것이다. 입력의 일반적인 예로는 고된 일, 기술 수준, 일에 대한 열정, 지원하는 동료, 개인의 희생이 있고, 출력의 예로는 재정적 보상, 인지도 및 평판, 칭찬, 직업 안정성, 기타 무형의 혜택을 들 수 있다.

둘 사이의 불균형(또는 '불평등')이 커질수록 고용주와 직원 사이에 강력하고 생산적인 관계가 나타날 가능성은 작아진다. 또한, 입력과 출력 사이의 비율이 다른 것과 비교했을 때 더 불균형적이라고 판단되면 불만은 더 악화될 수 있다.

◆ 사회정보처리 이론(The social information processing theory)

사회적 생명체로서 인간은 집단의 의견과 행동에 매우 세심한 주의를 기울인다. 사람들은 자신에 대한 완전한 그림을 생성하는 데 도움이 되는 정보를 다른 사람들에게 기대는 경향이 있다(Festinger, 1954).

사회 정보 처리 이론은 '구성주의'라는 사회학적 개념과의 연관성을 통해 사람들이 주변 사람들과 상호작용함으로써 현실의 그림을 형성한다는 것으로 인식한다.

이 모델에 따르면, 사람들은 그들의 기분을 결정하기 전에 (의식적이든 무의식적이든) 동료들의 기분을 면밀히 조사할 수 있다. 자신이 예상과 같이 동료들이 자신이 하는 일과 자신이 처한 환경에 대해 긍정적으로 느낀다면, 사람은 만족감을 더 많이 느낄 것이다(Jex, 2002).

◆ 자기 결정론(Self-determination theory)

자기 결정론은 에드워드 데시와 리처드 라이언(Edward Deci and Richard Ryan)의 연구에서 비롯되었다. 내재적 동기와 행동의 많은 분야에서 매크로 이론이 성공적으로 검증되었기 때문에 자기 결정론은 직무만족도에 대한 통찰력을 제공하기에 적합하다.

외적인 동기부여는 외부적인 목표를 위해 활동을 추구하는 것과 대조적으로, 내재적인 동기부여는 자신의 보상을 위해 행동의 시작으로 이어진다(Deci, 1971). 자기 결정론에 따르면, 사람들은 자신의 행동 체계를 변화시키면서 자신의 핵심적인 자아와 가치체계에 외적 동기를 동화시킬 수 있다.

이러한 배경에서, 자기결정권과 관련된 세 가지 보편적 필요성(역량, 자율성, 관련성)이 이러한 통합에 필수적인 것으로 인식되어 왔다(Ryan & Deci, 2000).

(2) 세대별 선호도

캐나다광산인적자원위원회는 광범위한 동기부여 목록을 조사해 직무 만족을 끌어내는 요인들을 세 가지 '동인(driver)'으로 분류했다. 첫째, '보상에 초점을 맞춘 동인'은 금전적 보상과 관련이 있고, 둘째, '사람에 초점을 맞춘 동인'은 업무의 사회적 측면을 강조하며, 셋째, '경험에 초점을 맞춘 동인'은 근로조건이나 작업유형에서 파생되는 개별적인 이점이다.[4]

각 동인별 구체적인 세부영역을 살펴보면 다음과 같다.

첫째, 보상에 초점을 둔 동인은 경쟁적 임금/급여, 복지 및 확장된 헬스케어 옵션, 기업연금, 고용안정이다.

둘째, 사람에 초점을 둔 동인은 상하 간 좋은 업무 관계, 직장문화이다.

셋째, 경험에 초점을 둔 동인은 일과 삶의 균형, 승진 기회, 학습 및 전문

〈그림 3-12〉 직무 만족 동인

유형	만족요인
보상집중적 동인	• 경쟁적 임금/급여 • 복지 및 확장 헬스케어 옵션 • 기업연금 • 고용안정성
사람집중적 동인	• 상사와 좋은 업무관계 • 직장문화
경험집중적 동인	• 워라벨 • 학습 및 개발 기회 • 승진 기회 • 다양하고 흥미로운 일 • 새로운 기술로 일할 기회

자료 : Canada Mining Industry Human Resource Council(2012)

적 개발 기회, 다양하고 흥미로운 작업과 새로운 기술로 일할 기회이다.

세대마다 특성과 신념체계가 달라서 이러한 동인을 우선시하는 정도도 다르게 나타난다. 〈표 3-8〉은 캐나다 광산업종 직원들이 세대별로 직무만족도에 주는 영향요인의 상대적 순위를 정리한 것이다.

〈표 3-8〉 세대별 직무만족 요인

순서	Y세대	X세대	베이비 부머
1	워라벨	워라벨	다양하고 흥미있는 일
2	학습 및 개발기회	다양하고 흥미있는 일	경쟁적 임금/급여
3	상사와 좋은 업무관계	승진기회	상사와 좋은 업무관계
4	경쟁적 임금/급여	경쟁적 임금/급여	직장 문화
5	승진기회	상사와 좋은 업무관계	워라벨과 학습 및 개발기회

보상집중적 동인
사람집중적 동인
경험집중적 동인

자료 : Canada Mining Industry Human Resource Council(2012)

이러한 가치 동인은 직원 라이프사이클 전반에 걸쳐 각 세대 그룹의 관리를 위한 핵심 요소가 된다. 즉, 유치 및 채용, 개발, 보유의 동태적 프로세스 전반에 고려해야 한다.

〈표 3-8〉에 나타난 바와 같이, '일과 삶의 균형' 및 '작업유형'과 같은 '경험 중심의 동인'은 X세대와 Y세대에게 특히 중요하다. 특히 3개 세대 모두 '보상중심 동인'보다 더 중요하게 나타났다. 직원의 급여가 기대에 부합하면 다른 요인이 직무만족도를 결정한다는 의미다.

우선순위가 높은 또 다른 동인은 '감독자와의 관계'와 같은 '사람 중심 동인'이다.

제4장

세대 다양성 경영의 실행 프로세스와 핵심 실행 도구

1. 세대 다양성 경영의 실행 프로세스

Keil et al.(2007)은 다양성 경영 프로세스를 구조, 문화, 전략이라는 세 가지 축으로 6단계를 거쳐야 한다고 설명한다. 즉, 다양성 운영위원회 구성 및

〈그림 4-1〉 다양성 경영 프로세스

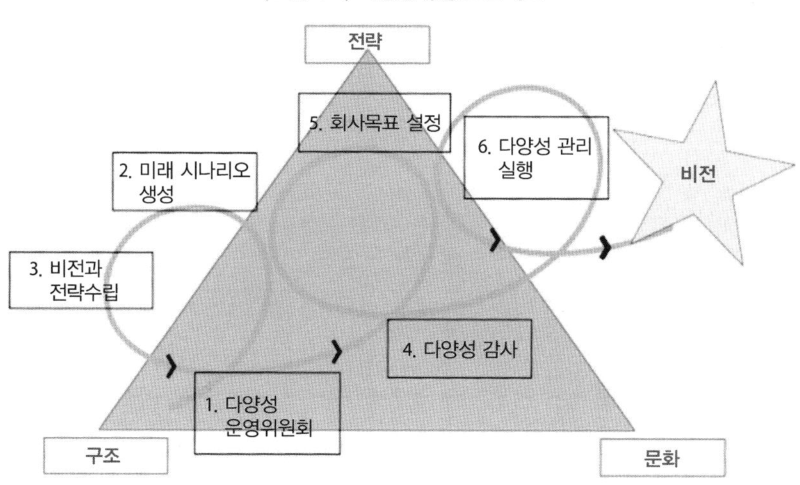

자료 : Keil et al.(2007), Training manual for diversity management.

운영, 미래 시나리오 생성, 비전 및 전략 수립, 다양성 조사, 회사 목표 설정, 다양성 관리 실행이다.

Statnickė G.(2016)는 Keil et al.(2007)의 세 개 축을 〈그림 4-2〉와 같이 7단계로 설명하였다. 즉, 프로세스는 조직 내 세대 다양성 운영위원회의 구성을 포함하는 조직 학습 과정, 세대 다양성에 초점을 맞춘 향후 10~20년 동안 가능한 미래 시나리오의 제공, 이전에 선택된 시나리오에 기초하여 비전과 미션의 형성, 다양성 관리 구현에 중점을 둔 전략의 형성, 조직의 상황을 평가하기 위한 다양성 조사, 다양성 관리를 적용하는 조직목표의 정의, 그리고 다양성 관리의 아이디어 실행이다.

〈그림 4-2〉 세대 다양성 관리 실행 프로세스

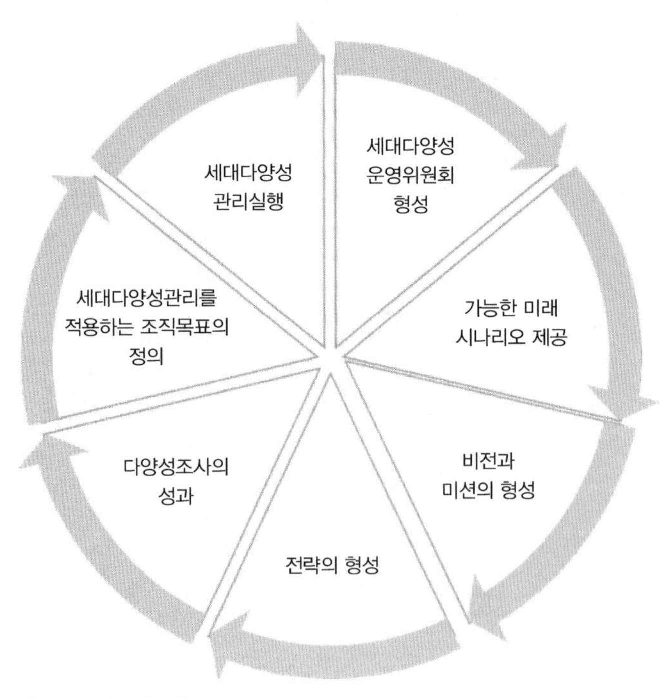

자료 : Statnicke G.(2016), pp. 9–19.

여기서는 Keil et al.(2007)의 6단계 프로세스를 설명하고자 한다.

◆ 1단계: 다양성 운영위원회 구성 및 운영

대부분의 기업은 단일 문화적 배경(즉, 지배적 국적의 30~40세 남성으로 주로 구성된 리더십 등)을 가지고 있기 때문에, 환경분석이 제한적으로 수행되고 모든 변화에 대한 요구 사항을 좁은 관점을 통해 볼 위험이 있다.

이러한 한계를 극복하기 위해 최고 경영진이 다양한 배경을 가진 헌신적인 인사들로 구성된 다양성 운영위원회(Diversity Operating Committee)를 구성하여 이러한 시각을 넓힐 수 있다. 이 다양성 운영위원회는 회사의 최고 경영진과 업무와 관련하여 근거를 만들어 명확한 위임을 제시해야 한다.

◆ 2단계: 미래 시나리오 생성

다음 단계는 회사의 최고 경영진, 주요 이해관계자 및 다양한 부서의 대표들과 함께 다양성 운영위원회가 소위 시나리오 구축 워크숍을 조직해야 한다.

일반적으로 10~20년 후(외부적, 내부적) 비즈니스 세계가 어떻게 전개될지에 대한 몇 가지 다른 시나리오가 생성되어야 한다. 이 시나리오는 다양성 요인의 영향과 효과에 중점을 두어야 한다.

회사가 다양한 대안을 준비할 수 있도록 하는 것이 목적이다. 최종적으로는 다수의 시나리오 중 하나를 선택하고 그것에 초점을 맞춰야 한다.

◆ 3단계: 비전 및 전략 수립

다음 단계는 앞서 선택한 시나리오에서 회사의 비전과 사명을 구체화하는 것이다. 구체화 과정에는 최고 경영진과 주요 이해관계자가 참여해야 한다. 시나리오에서 나오는 회사의 강점, 약점, 기회 및 위협에 초점을 맞춰야 한다. 결국, 비전과 사명 선언이 공식화되어야 한다.

그러고 나서 다양성 경영이 구현될 방법을 강조하는 회사의 전략을 수립해야 한다. 명확한 전략이 있으면 회사가 앞으로 나아갈 수 있다. 비전, 임무 및 전략이 수립되면 이제 회사는 현재 상황을 파악해야 한다. 이를 위해서는 다양성 조사가 필요하다.

♦ 4단계: 다양성 감사

다양성 조사는 회사의 현재 상황을 분석하는 데 유용한 도구이다. 다양성 조사는 모든 이해관계자 그룹에 대한 반구조적이고 개인적인 인터뷰를 통해 수행되며, 다양성에 대한 태도를 탐구하기 위해 표준화된 설문지를 만들어 실행하여야 한다.

질문 내용은 다음과 같은 것들이 포함될 수 있다. 다양성에 대한 최고 경영진과 직원들의 태도는 어떠한가? 현재 우리 회사의 문화는 무엇인가? 구조 및 프로세스는 얼마나 포용적인가?

운영위원회는 다양성 조사 결과를 취합하여 현상에 관한 주요 결과를 더 많은 직원들에게 제시하고 진정한 다양성 경영 접근법의 채택으로 이어지도록 변화에 대한 적절한 개입을 설명하기 위한 출발점을 제공해야 한다.

♦ 5단계: 회사 목표 설정

다음 단계로 경영진은 다양성 운영위원회와 함께 다양성 경영 구현을 위한 회사의 전반적인 목표를 정해야 한다.

이러한 목표는 이전에 수립된 전체 전략과 명확하게 관련되어야 하며, 모든 관련 부서의 참여를 보장해야 한다. 이러한 목표를 자신의 상황에 맞게 조정하고 이를 달성하기 위한 명확한 측정 가능한 기준을 정의하기 위해 모든 관련자들을 참여시켜야 한다.

◆ 6단계: 다양성 관리 실행

모든 프로세스를 구현하는 동안 다양성 운영위원회는 중요한 역할을 한다. 운영위원회는 다양한 활동을 감독, 조정 및 지원한다. 운영위원회는 의사소통의 중심 교차로 역할을 해야 한다. 예를 들어 다음과 같은 작업을 담당한다.

- 다양성 관리에 관한 최고 및 중간 경영진의 리더십 개발 프로그램
- 사업부별 다양성 팀 구축 이벤트
- 다양성 관리와 관련해 소통할 수 있는 대규모 그룹 조성
- 다양성 관리를 촉진하고 측정가능하도록 하기 위한 성능관리 평가도구 변경
- 다양한 인력 채용 및 유지를 위한 인사 도구 변경 등

2. 핵심적 실행 도구[1]

2.1. 세대 영향분석(Generational Impact Analysis)

세대 영향분석은 모든 세대의 직원을 끌어들여 참여시키고 유지할 수 있도록 회사가 세대별로 맞는 렌즈를 통해 회사의 정책을 살펴보려는 데 필요하다.

직무구조 및 고용상황, 자원 접근성 및 직장문화가 직원 참여와 긍정적으로 연결되어 있다.

회사정책 및 관행을 만들거나 수정할 때는 다음 네 가지 질문을 항상 사용하면 된다.

① 제안된 정책과 결정은 각 세대에게 어떤 영향을 미치나?

② 각 세대에 의해 제안된 정책과 결정은 어떻게 인식될 것인가?

③ 정책과 결정이 기존의 세대 차이나 긴장 관계를 무시하거나 악화시키고 있는가?

④ 상기 세 가지 답변에 따라 정책과 결정 시 세대에 따라 수정이 필요한 사항은 무엇인가?

☞ **〈사례 1〉**

이 회사는 현재 '필수' 직책에 있는 직원들이 긴급하게 주어진 시간에 민감한 과제를 완료하기 위해 필요한 경우 초과근무를 하도록 하는 정책을 시행하고 있다. 몇몇 직원들은 예외 없이 오후 6시에 자녀가 다니는 유치원이 문을 닫기 때문에 이 요건을 충족하기 어려웠다. 그래서 인사부장에게 문제를 제기하였다. 그는 정책을 검토하고 이를 위해 '필수' 직원의 작은 단면도(cross-section)를 마련하기로 합의했다. 이들 간의 대화는 세대 영향분석에 소개되었다. 결론은 다음과 같다.

① 제안된 정책/결정은 각 세대에 어떤 영향을 미칩니까?

중대한 관리 책임을 지고 있는 모든 세대의 근로자는 불이익을 받게 된다. 자녀 양육을 걱정하는 가정 이외에도 근로자는 노인 양육이나 기타 부양가족 의무를 질 수 있고, 일부는 손자를 키우는 조부모가 될 수도 있다.

② 각 세대에 의해 제안된 정책/결정은 어떻게 인식될 것인가?

X세대와 Y세대는 이러한 요구사항이 일과 삶의 균형을 위한 그들의 욕구에 더 방해가 된다고 생각할 수 있다.

③ 정책/결정이 기존의 세대 차이나 긴장을 무시하거나 악화시키고 있는가?

전통주의세대와 베이비붐 세대에게는 X세대와 Y세대가 육아 책임 때문에 이 정책에 불만을 제기할 경우에 직장에서 "의무를 이행하려고 하지 않는다"라는 고정관념이 강화될 수 있다.

④ 상기 세 가지 답변에 따라 정책/결정 시 세대에 따라 수정이 필요한 사항은 무엇인가?

이 '필수'직원에게 선택권을 부여한다. 적절한 경우 직원이 가상으로 긴급 과제를 수행할 수 있도록 하고, 해당 직원들이 일찍 출근할 수 있도록 유연한 업무일정을 제공한다.

☞ **〈사례 2〉**

이 회사는 환경친화적 분야에서 일등 기업이 되기를 원한다. 이 목표를 달성하기 위해서는 목표를 달성할 수 있는 관행과 결정을 가진 직원으로부터 승인이 필요하다. 이러한 정책을 추진하기 전에 당신은 정책이 어떻게 받아들여질지 고려하기를 원한다.

① 제안된 정책/결정은 각 세대에 어떤 영향을 미칩니까?

이 정책을 홍보하고 시행해야 할 경영자들은 전통주의세대와 베이비붐 세대 출신이다.

② 각 세대에 의해 제안된 정책/결정은 어떻게 인식될 것인가?

한 연구에 따르면 X세대와 Y세대는 다른 사람들보다 환경문제에 대해 더 활동적이기 때문에 이들이 참여할 가능성이 더 크다.

③ 정책/결정이 기존의 세대 차이나 긴장을 무시하거나 악화시키고 있는가?

위와 같은 점을 고려할 때, 이는 실제로 세대를 하나로 묶는 좋은 방법일 수 있다. 모든 사람이 함께 만들 수 있는 유산에 대해 '말하기' 위해 올바르게 메시지를 보내는 것이 요령이다.

④ 상기 답변에 따라 정책/결정 시 연령에 따라 수정이 필요한 사항은 무엇인가?

지금까지는 정상 궤도에 오른 것으로 보인다. 하지만 우리는 그것이 어떻게 작동해야 하는지 세밀하게 조정하기 위해 모두에게 의견을 요청할 것이다.

환경친화적인 의미를 구체적으로 설명하고 이 정보를 다양한 형식(예: 포스터, 이메일, 문자 메시지 등)으로 표시하는 것이 중요하다. 세대 간 환경 팀을 구성해 환경친화적 의미가 구체적으로 무엇인지에 대한 개요를 작성하는 방안을 고려할 수 있다.

2.2. 360도 멘토링(360-degree Mentoring)

360도 멘토링은 모든 직원이 멘토/멘티 관계에 참여할 기회를 제공하여 보다 나은 업무 참여로 이어지도록 하는 데 그 목적이 있다.

지식 이전은 성능, 지속가능성 및 혁신에 매우 중요하다. 멘토링은 효과적인 지식전달 방법의 하나이다. 멘토링은 이직률 감소, 조직헌신 증대, 지식

이전 촉진, 핵심인재 조기발굴 등을 통해 회사에 도움이 된다. 가트너(Gartner)가 2006년에 한 연구에 따르면 멘토와 멘티 모두 멘토링에 참여하지 않은 사람보다 승진 및 유지율이 높은 것으로 나타났다.[2]

효과적인 세대 간 멘토링 프로그램을 개발하기 위해서는 연령이 아닌 기술과 경험에 따라 짝을 이루도록 해야 한다. 지식을 효과적으로 포착하고 전달하려면 수신자와 지식출처 모두 세대별 학습 선호도를 이해해야 한다. 멘토와 멘티는 어느 세대든 될 수 있다. 가장 잘 작동하는 멘토링 유형은 회사의 요구, 자원 및 작업장의 역학 관계에 따라 달라진다.

멘토링 프로그램의 유형은 다음을 포함해야 한다.

- 상호 성장과 발전에 초점을 맞춘 장기적 관계
- 지식전달을 위한 멘토링
- 특정 목표에 초점을 맞춘 시간제한 멘토링
- 특정직무 멘토 선정
- 특정 프로젝트 또는 네트워킹에 초점을 맞춘 시간제한 정기적 멘토링
- 이메일 또는 인스턴트 메시징을 통한 가상 멘토링

☞ **〈사례 1〉**

한 경력직 입사직원은 이 회사 영업추적 컴퓨터 프로그램에 익숙하지 않다. 그 직원은 그 회사에서 1년 이상 일한 젊은 직원과 짝을 이루면 컴퓨터 추적 프로그램에 익숙해질 수 있다.

그 직원은 멘토링 프로그램에 대한 파라미터를 설정할 수 있다. 예를 들어, 필요한 스킬을 모두 습득할 때까지 몇 달 동안 매주 직접 미팅을 하고, 이메일로 지속적인 가상 멘토링을 하여 보완할 수 있다.

☞ 〈사례 2〉

고령인 베테랑의 한 직원은 25년 동안 회사에서 일했고 1년 후에 은퇴할 예정이다. 그 직원은 지식 전수가 가능한 장기적인 멘토 관계를 제공하기 위해 젊은 직원과 짝을 지울 수 있다.

이러한 멘토링은 멘토가 결정한 회의 횟수와 빈도로 필요한 만큼 계속될 것이다.

2.3. 세대 간 작업팀(intergenerational workplace Teams)

세대 간 작업팀은 다른 세대의 사람들과 아이디어, 기술, 지식, 그리고 스토리를 공유하는 것을 그 목적으로 한다. 모든 세대는 그들의 투입이 중요하다는 것을 알 때 직장에서 가치를 갖는다고 느낀다. 직장에서의 세대 간 작업팀은 문제를 해결하거나 목표에 도달하려고 할 때 다양한 결과를 도출하며, 이는 한 세대가 다른 세대에 대해 가질 수 있는 긴장감과 일반적인 고정관념을 감소시킨다.

서로 다른 세대가 함께 일을 할 수 있는 능력은 그들의 차이점보다는 다양한 직원들의 강점에 초점을 맞춰야 한다. 각 직원이 제공하는 것을 활용함으로써 기업은 나이 들고 현명한 사람의 비즈니스 지식과 젊은이의 새로운 통찰력과 기술에 대한 지식을 결합할 수 있다.[3] 세대 간 생산성은 회사 목표에 초점을 맞춘 분위기 하에서 팀워크를 통해 생산되며, 여기서 근로자들은 공동의 목표를 달성하기 위해 협력한다.[4]

회사는 여러 세대의 직원 그룹을 만들어 팀 프로젝트에서 함께 작업하게 한다. 각 팀은 각 세대의 개인을 포함하는 것이 이상적이다. 각 팀의 목표는 작업을 함께 완료하는 것이다. 주어진 업무는 회사에 어느 정도 영향을 미치는 것이어야 직원들이 함께 일을 하면서 가치가 있는 프로젝트를 완성할 수 있다고 느낄 수 있다.

세대 간 팀과 정기적으로 보고 세션을 설정하는 것이 중요하다. 이를 통해 팀원들이 효과적으로 협력하고 있는지, 프로젝트가 성공적으로 진행되고 있는지를 가늠할 수 있다. 프로젝트가 1주일이 걸리든 1년이 걸리든 예정 기간의 1/3, 2/3 경과 시 중간보고를 하도록 해야 한다.

중간보고 시에는 다음 질문을 검토한다.

- 프로젝트 타임라인에 명시된 대로 모든 마감일을 준수할 수 있도록 팀이 목표에 도달하고 있습니까?
- 프로젝트의 목표를 달성하기 위해 어떤 개선이 이루어집니까?
- 프로젝트를 완료하는 데 필요한 추가 지원 또는 자원은 무엇입니까?

☞ **〈사례1〉**

이미 직원 작업부담에 맞게 설계된 프로젝트를 사용하여 모든 세대의 구성원을 팀에 배치한다. 모든 직원이 프로젝트에 대한 공통된 이해를 하고 있는지 확인하고, 프로젝트를 완료하는 데 필요한 작업에 대해 각자의 강점을 서면으로 개략적으로 설명하도록 요청한다.

팀이 직원들의 강점에 따라 업무를 할당하도록 장려한다. 프로젝트가 진행됨에 따라 직원들은 각자의 역량을 발휘할 기회를 갖게 될 것이다. 목표는 서로의 재능과 전문지식을 이해하고 존중하는 것이다. 이는 회사 내의 향후 프로젝트에 활용할 수 있는 결과이다.

☞ 〈사례 2〉

다세대 팀을 구성하여 다년간 프로젝트 계획을 수립한다. 예를 들어, 3년 안에 완전히 작동하지만 매년 점진적으로 작동하는 컴퓨터 프로그램을 개발할 계획이라면, 다세대 팀이 이 프로젝트를 개발하도록 요청한다. 이를 통해 모든 세대의 구성원들이 이 프로젝트를 수행하고, 미래에 대한 계획을 세우며, 시간이 지남에 따라 업무와 개인적인 관계를 발전시킬 수 있게 될 것이다.

직원들은 업무와 상호 간에 능력을 입증하고 연결 관계를 개발할 기회를 갖게 될 것이다. 장기적인 과제는 세대 간 소통과 업무 관계를 장려할 뿐만 아니라 세대 간 고정관념을 약화시킬 것이다.

2.4. 관점력(The Power of Perspective)

관점력은 직원들이 여러 세대에 걸쳐 서로의 관점과 경험을 인식하고, 소중하게 여기며, 존중하도록 장려함으로써 직장에서의 세대 간 갈등을 줄이는 것을 그 목적으로 한다.

랜드스타드(Randstad) 연구에 따르면, 세대 차이는 종종 어떻게 해야 하는지에 대한 관점에 관한 것이다. 세대 간 환경은 연령, 인식, 경험의 장벽을 허물고, 각 세대가 무엇을 제공해야 하는지를 미묘하게 설득할 수 있다. 세대 간 노동력은 지식, 관점 및 경험을 융합할 수 있는 잠재력이 있다.[5]

모든 세대의 구성원들이 회사가 어디에서 출발했고, 회사가 어떤 길을 택했는지, 그리고 서로 다른 세대가 노동력을 어떻게 인식하는지 이해한다면, 서로를 더 잘 이해하고 협력할 수 있을 것이다.

먼저, 타임라인을 작성하게 한다. 모든 직원이 회사 업무를 시작할 때 타임라인에 표시하도록 요청한다.

다음으로, 참가자들에게 특정 주제(시간표 주제는 기술에서부터 보상/인정, 개인 휴가 사용 등 세대 간 갈등을 일으킬 수 있는 여러 가지 문제를 다룰 수 있음)의 관점에서 시간표를 고려하도록 요청한다.

주어진 주제에 대해 직원들은 타임라인에 회사에서 특정 변경이 언제 일어났는지, 또한 변화와 관련하여 중대한 개선 사항이나 문제가 있었다고 생각하는지를 표시한다.

☞ 〈사례 1〉

직원 복리후생은 근무환경에 매우 중요하다. 회사가 모든 세대의 직원 요구에 맞는 복지를 제공하는 것이 중요하다. 시간이 지남에 따라 복지의 범위가 어떻게 변했는지를 나타내는 타임라인을 개발할 수 있다.

이러한 관행에서는 이용 가능한 특별한 편익뿐만 아니라 편익의 유연성 변화도 다룬다. 예를 들어, 자발적 편익은 더 많은 선택권과 함께 더 많은 통제력을 제공한다. 타임라인은 직원들이 회사정책이 어떻게 바뀌었는지 알 수 있도록 도와주며, 수년간 동료들의 운영환경이 어떻게 변했는지를 더 잘 이해할 수 있도록 해 준다.

〈표 4-1〉 복리후생의 타임라인

	근로자 A, B, C, D	근로자 E	근로자 F, G	근로자 H, I, J	근로자 K, L		
1964	1970s	1980s	1990s	2003	2005	2008	올해
• 모든 근로자를 위한 건강복지 • 한 보험회사만 이용 가능	• 미사용 병가의 불규칙적 사용 • 치과, 안과의 적용확대	• 미사용 병가의 기부가능	• 건강돌봄의 고용적 부담 80%로 축소 • 복수 보험회사 이용 가능	• 파트너 복지제공 • 건강저축계좌 제공	정신건강 서비스	• 공동구매 복지계획 • 휴대전화 수당	

타임라인을 작성해 결과를 요약한 후에 직원들이 모든 직원의 복리후생 범위에 미치는 영향에 대해 논의할 수 있도록 허용한다.

☞ **〈사례 2〉**

기술이 세대 간의 갈등을 일으킨다는 사실을 발견했다면, 회사는 기술 주제를 중심으로 '관점력' 타임라인을 개발할 수 있다. 모든 직원들은 다양한 기술(컴퓨터, 팩스, 이메일 등)이 도입된 이래 수십 년을 표시하고 입사 날짜를 기록하도록 권고될 것이다.

이에 대한 논의를 시작할 수 있다. 직원들은 각 직원이 조정한 기술의 변화를 인식하고 각 개인의 경험을 더욱 존중할 수 있다.

〈표 4-2〉 관점력 타임라인

	근로자 A, B, C, D	근로자 E	근로자 F, G	근로자 H, I, J	근로자 K, L	
1964	1970s	1980s	1990s	2005	2008	올해
• 타자기 • 제록스 복사기 • 간사 • 간사풀 • 사내복사기, 제본기 • 사내 통신(배달) 서비스	• 1978: 워드프로세싱 부서설립 • 계약 통신(배달) 서비스로 대체	• 1980: IBM 셀렉트릭 지급 • 1986: 데스크탑 PC제공 • 1986: 워드프로세싱 부서 폐지	• 1999: 고위임원 휴대전화제공	• 임원과 영업직사원 PDA지급	• 사회적 네트워킹 싸이트 • 웨비나	

타임라인을 작성해 결과를 요약한 후에 직원들이 모든 직원의 복리후생 범위에 미치는 영향에 대해 논의할 수 있도록 허용한다.

2.5. 세대 간 팀 퀴즈(Intergenerational Team Quiz)

세대 간 팀 퀴즈는 목표를 달성하기 위해 팀으로 일하는 것의 중요성을 모든 직원이 이해할 기회를 만드는 것을 그 목적으로 한다. 직원들은 모든 세대의 강점을 인식하고, 각 개인의 고유한 지식과 기술이 팀에 어떤 도움을 주는지 인식해야 한다.

직원 참여는 대부분 개인의 경험으로 간주되지만, 팀 참여의 중요성을 인식하여 직원 참여를 촉진하는 것이 도움이 될 수 있다.

팀 퀴즈 진행자는 참가자가 스스로 팀당 4명 이하로 팀으로 만들도록 한다. 진행자는 참가자가 스스로 팀을 구성하기 전에 퀴즈의 규칙을 밝히지 않았기 때문에, 팀들은 세대 다양성을 가진 팀이 분명한 이점을 가질 것이라는 것을 알지 못할 것이다.

팀을 나눈 후에 진행자는 퀴즈에 회사와 회사의 초점에 대한 질문을 포함시키고, 이러한 질문에는 여러 세대의 지식이 요구된다는 것을 밝힌다. 각 팀은 4개의 "세대 간 링크"(종이 클립을 사용할 수 있음)와 3개의 "세대 간 라이프 라인"(줄이나 빨대를 사용할 수 있음)을 받는다.

세대 간 팀 퀴즈는 고유한 세대별 지식을 요구하고 조직의 초점을 반영하도록 조정되어야 한다. 한 팀이 틀린 답을 하면, 그들은 '세대 간 링크'를 잃게 된다. 한 팀은 어떤 단계에서든 '세대 간 라이프 라인'의 하나를 선택할 수 있다. 그것은 그 팀이 다른 팀의 직원(팀 내 세대를 대표하지 않는 누군가)에게 정답을 요구할 수 있는 권한을 가지고 있음을 의미한다.

대답이 맞으면 '세대 간 라이프 라인'을 사용한 팀과 대답을 한 선수를 가진 팀 모두 여분의 '세대 간 링크'를 받는다. 이 게임은 오직 한 팀만이 "세대 간 링크"를 가질 때까지 계속된다.

☞ 〈사례 1〉

질문은 기업 내에서 보다 다양한 세대 간 필요성을 입증하는 평가도구의 영역과 직접 관련되어야 한다. 지식전달의 사례를 사용하여 질문에는 다음이 포함될 수 있다.

- 인터넷 이전에는 이 회사에서 정보를 조사하는 가장 일반적인 방법이 무엇이었습니까?
- 직원들은 이러한 정보를 다른 직원과 어떻게 공유합니까?

☞ 〈사례 2〉

직원 복리후생이 보다 다양한 세대로 전환되어야 하는 분야인 것으로 나타날 경우, 질문에는 다음이 포함될 수 있다.

- 전통주의세대, 베이비붐 세대, X세대 및 Y세대, Z세대 중 어떤 직원의 복리후생이 가장 중시되는가?
- 의료보험 적용 범위, 체육관 회원권 지원금, 현장보육비, 세금대비 지원금, 헬스서비스계좌 등의 혜택을 언제부터 제공하였는가?

제5장

세대 친화성 진단 및 평가

유럽 위원회(The European Commission)는 2012년에 다양성 경영을 위한 실행 체크리스트(Implementation checklist for diversity management)라는 보고서를 발간하였다. 그리고 고용주들이 다양성 관리를 그들의 전략적 사업 의제를 더 확고히 하도록 다양한 활동을 지원해 왔다. 이 체크리스트는 대기업들이 서로 활동 및 진행 상황을 비교하도록 유도하기 위해 벤치마킹 도구의 핵심 요소로 설계된 설문지를 토대로 작성됐다. 회사 내 다양성 포지션, 다양성 구조관리, 측정 및 모니터링, 실행(톱다운, 보텀업), 외부지원 활동, 다양성 통합 등으로 구성되어 있다.

이미 살펴본 바와 같이 다양성 경영의 영역에는 인종, 국적, 성, 세대 등 다양한 대상이 있다. 본서에서는 세대에 한정한 다양성 평가지표를 살펴보는 것이 유용하다. 우리는 이를 세대 다양성 경영평가라고 하자.

세대 다양성 경영 평가방법에는 시스템 평가와 활동성 평가의 두 가지가 있다.

1. 세대 간 시스템 평가(Assessment of Corporate Intergenerational System)[1]

1.1. 평가

ACIS(Assessment of Corporate Intergenerational System)는 Generations United and Just Partners에 의해서 개발되었다. 다세대 사업장(multigenerational workplace)을 세대 간 사업장(intergenerational workplace)으로 탈바꿈시키는 데 필요한 항목으로 구성을 하였다. 질문지는 2개의 영역으로 구분되어 있다. 즉, 정책영역과 운영영역이다.

각각의 질문에 대해 하나의 번호를 골라 응답하면 된다. 그리고 맨 끝에 고른 번호의 숫자를 쓰면 된다.

〈표 5-1〉 세대 간 시스템 평가 설문지

Part Ⅰ : 정책평가(Policy Assessment)

PART A	PART B
1a) 귀 사업장은 종종 유연한 복지혜택(확정기여형 연금, 자기관리형 투자, 이동형 보험해약 반환금, 의존적 돌봄 환급, 건강 돌봄 소비계좌, 최종 평균급여 연금 등)을 제공한다 ① 아니다 ② 개발 중 ③ 그렇다 →	1b) 그렇다면 모든 세대의 근로자들이 유연한 복지 옵션에 만족하는가? ① 아니다 ② 그렇다
2a) 귀 사업장은 모든 근로자에게 보건 및 건강 프로그램(돌봄 적용, 체육관 멤버십, 건강서비스, 요가 등)을 제공한다 ① 아니다 ② 개발 중 ③ 그렇다 →	2b) 그렇다면 모든 세대의 근로자들이 건강복지 프로그램에 만족하는가? ① 아니다 ② 그렇다
3a) 귀 사업장은 유연한 근무 옵션(재택근무, 유연 근로, 파트타임 등)을 제공한다 ① 아니다 ② 개발 중 ③ 그렇다 →	3b) 그렇다면 모든 세대 근로자들이 유연 근무옵션에 만족하는가? ① 아니다 ② 그렇다

PART A	PART B
4a) 귀 사업장은 근무시간 동안 개인 목적의 기술사용(아이팟, 개인용 라디오, 개인용 네트워킹 등)에 대한 명백한 정책을 갖고 있다 ① 아니다 ② 개발 중 ③ 그렇다 ⟶	4b) 그렇다면 모든 세대의 근로자들이 이 정책에 동의하는가? ① 아니다 ② 그렇다
5a) 귀 사업장은 사업장에서 외모(머리 염색, 피어싱, 타투, 공식적/비공식적 복장 등)에 대한 명백한 정책을 갖고 있다 ① 아니다 ② 개발 중 ③ 그렇다 ⟶	5b) 그렇다면 모든 세대의 근로자들이 이 정책에 동의하는가? ① 아니다 ② 그렇다
6a) 귀 사업장은 근로자들 간의 갈등을 관리하는 명백한 정책을 갖고 있다 ① 아니다 ② 개발 중 ③ 그렇다 ⟶	6b) 그렇다면 이 정책은 항상 갈등을 관리하는 데 사용되는가? ① 아니다 ② 그렇다

정책평가 점수(개수)를 기재하시오

Part A ① ( ) ② ( ) ③ ( ) **Part B** ① ( ) ② ( )

Part II : 운영평가(Operation Assessment)

항 목	아니다 ←				그렇다 →
1) 지식 전수 시스템은 베테랑 근로자의 기술과 경험이 조직 자산(멘토링, 지식관리시스템, 기술문서 등)으로 남아있도록 하는 데 사용된다	1	2	3	4	5
2) 귀 사업장은 근로자 능력개발을 위한 훈련 기회(워크숍, 계속 교육, 회의 등)를 제공한다	1	2	3	4	5
3) 다른 세대의 작업자들이 프로젝트에 의도적으로 함께 팀으로 구성된다	1	2	3	4	5
4) 다른 세대의 근로자들이 사업장 내외에서 비공식적으로 교류한다	1	2	3	4	5

항 목	아니다 ←				그렇다 →
5) 관리자들은 세대 간에 소통을 증가시키는 방법에 대해 훈련을 받는다	1	2	3	4	5
6) 귀 사업장은 다양한 커뮤니케이션 형태(기술 언어, 이메일, 대면 등)를 사용해 근로자들에게 의도적으로 피드백을 한다.	1	2	3	4	5
7) 귀 사업장은 다양한 인센티브(주차권, 뉴스레터 제공, 보너스 등)를 사용해 근로자들에게 예외적인 작업에 대한 보상을 한다	1	2	3	4	5
8) 귀 조직은 전체적으로 모든 세대가 함께 일하는 것에 대해 호의적이다	1	2	3	4	5

운영평가 점수(개수)를 기재하시오.

①(　) ②(　) ③(　) ④(　) ⑤(　)

1.2. 결과

정책평가에서 파트 A에 3번 응답이 많았다면 당신의 사업장은 근로자 참여가 높고 생산성이 높다. 또, 근속연수가 높고 고객과의 관계도 공고하다. 그리고 삶의 만족도도 높다. 파트 B에서 2번이 많았다면 이와 동일하다.

한편, 파트 A에서 1번과 2번이 많다면 이를 개선하기 위한 노력을 해야 한다. 파트 B에서 1번이 많았다면 이와 동일하다.

운영평가에서 4번과 5번이 많았다면 당신의 사업장은 근로자 참여가 높고 생산성이 높다. 또, 근속연수가 높고 고객과의 관계도 공고하다. 그리고 삶의 만족도도 크다. 한편, 1번, 2번, 3번이 많았다면 이를 개선하기 위한 노력을 해야 한다.

1.3. 조치

실행계획을 세울 때는 평가결과를 반영하여 다음과 같이 실행아이템을 선택적으로 활용할 수 있다.

〈표 5-2〉 세대 간 시스템 평가 피드백

〈정책영역〉

구분	세대 영향 분석 (generational impact analysis)	360도 멘토링 (360-degree mentoring)	세대간 팀 (intergenerational workforce teams)	관점력 (power of perspective)	세대간 팀 퀴즈 (intergenerational team quiz)
Part A					
대부분 1과2	○		○	○	
대부분 3	○				
Part B					
대부분 1	○		○	○	
대부분 2	○				

〈운영영역〉

구분	세대 영향 분석 (generational impact analysis)	360도 멘토링 (360-degree mentoring)	세대 간 팀 (intergenerational workforce teams)	관점력 (power of perspective)	세대 간 팀 퀴즈 (intergenerational team quiz)
지식 전수 시스템	○	○			
훈련기회	○	○			
세대 간 팀	○		○		
세대 간 비공식 교류	○			○	○
관리자 세대 간 훈련	○	○	○	○	○
커뮤니케이션 형태	○		○		
근로자 보상과 인센티브	○		○		
세대 함께 일하기에 대한 호의	○	○	○	○	○

2. 세대 간 친화 활동성 평가(Assessment of Cross-generationally friendly workplace activity)[2]

이 평가는 MANAGING ACROSS GENERATIONS가 개발하였다. 질문지는 5개 영역, 20개 항목으로 구성되어 있다. 각각의 질문에 대해 1~5번 중 하나의 번호를 골라 응답하면 된다.

2.1. 평가

〈표 5-3〉 세대 간 친화 활동성 평가 설문지

구분		전혀 없다	거의 없다	종종 있다	자주 있다	항상 있다
세대차이의 수용						
1	이 조직에는 유일한 성공적인 "유형"은 없다(관리자, 리더가 성과 연령 등의 혼합)	1	2	3	4	5
2	프로젝트 팀을 함께 할 때, 다른 배경, 경험, 기술과 견해를 가진 근로자들이 포함된다	1	2	3	4	5
3	근로자들은 소비자처럼 취급된다	1	2	3	4	5
4	다른 견해와 전망에 대해 많은 대화(심지어 유머)가 있다	1	2	3	4	5
5	우리는 다른 코호트나 개인이 생산적 환경, 직무부담과 스케쥴, 최선으로 작동하는 정책을 갖는 직업을 찾는다는 것을 공개적으로 말할 수 있다	1	2	3	4	5
사업장 선택의 창조						
6	우리의 분위기와 정책은 진행된 작업, 봉사된 고객, 일하는 사람들의 선호에 근거한다	1	2	3	4	5
7	근로자들 그룹 간 은밀한 불평, 수동적 공격적 행동, 공개된 적의가 있다	1	2	3	4	5

구분		전혀 없다	거의 없다	종종 있다	자주 있다	항상 있다
8	조직에는 관료주의와 형식주의가 최소화되어 있다	1	2	3	4	5
9	작업 분위기는 비공식적이고 편안하다	1	2	3	4	5
10	대부분의 노력에 관한 재미와 농담의 요소가 있다	1	2	3	4	5
유연한 관리 스타일의 운용						
11	관리자는 대부분의 기업보다 더 세련되고 전문적이다	1	2	3	4	5
12	관리자들은 개인과 팀의 필요에 적합한 정책과 절차에 맞춘다	1	2	3	4	5
13	관리자들은 올바르다고 알려져 있다	1	2	3	4	5
14	관리자들은 특별한 목표와 수단에 따라 큰 그림을 보고하는 사람들에게 권한과 혜택을 준다	1	2	3	4	5
역량과 주도권 존중						
15	우리는 신입사원부터 계절적 근로자까지 모든 근로자에게 많은 것을 제공하고 최선을 다하도록 동기 부여를 한다	1	2	3	4	5
인력보유 강화						
16	우리는 1일 단위로 근로자의 근속에 집중한다	1	2	3	4	5
17	우리는 1:1 코칭부터 다양한 집체교육까지 많은 훈련을 제공한다	1	2	3	4	5
18	우리는 측면운동을 정기적으로 지원한다	1	2	3	4	5
19	작업할당은 광범위하고 다양하고 도전 기회를 주며, 일정한 범위의 기술을 발전시키도록 허용한다	1	2	3	4	5
20	우리는 내부적으로 퇴직 시 근로자들에게 직업알선을 하고 계속 새로운 직장을 잘 선택하도록 지원한다	1	2	3	4	5

2.2. 결과

결과는 다음과 같이 4등급으로 판정할 수 있다.

〈표 5-4〉 세대 간 친화 활동성 평가 결과판정

점수	판정
70 미만	개선의 여지가 너무 많은 부정적 직장환경이다
70~79	번창하려면 직장환경을 크게 개선해야 한다.
80~89	이직률은 평균보다 낮은 등 좋은 지표를 보이나 개선의 여지가 있다.
90~100	모든 직원들에게 근무환경과 조건이 매력적이다.

제6장

성공적인 세대 다양성 사업장 구축사례

1. 미국의 유나이티드 헬스 그룹(United Health Group) : 미래 고객에 대한 계획[1]

미래의 니즈를 예측하는 것이 기업의 성공 비결이다. 10년 전에 유나이티드 헬스 그룹은 직원의 연령 다양성에 대한 니즈를 보았다. 그 이후 계속해서 노동력 훈련 프로그램에서 연령 문제를 다루고 있다.

유나이티드 헬스 그룹은 다양한 건강 및 웰빙 서비스를 제공하는 서비스 기업이다. 미네소타주 미니애폴리스에 본사를 둔 유나이티드 헬스 그룹은 미국 전역에서 14만 명의 직원을 고용하고 있으며, 고용주와 개인에게 의료 혜택과 관련 서비스를 제공하는 비즈니스 플랫폼이다. 소비자들이 그들의 건강과 돌봄에 대해 더 나은 결정을 내리도록 돕는다.

유나이티드 헬스 그룹은 다양한 인력을 활용하여 다문화 고객, 지역사회, 개인 및 주주들의 니즈를 더 잘 충족할 수 있다고 믿고 있다. 내부의 다양성과 포용 위원회(Diversity & Include Council)는 몇 년 전부터 고객들의 고령화에 따라 모든 연령의 고객과 효과적으로 의사소통할 수 있는 노동력이 필요하다는 것을 인식하기 시작했다.

1.1. 최고의 다양성 실현

유나이티드 헬스 그룹의 다양성과 포용 위원회는 10년 이상 운영되어 왔다. 이사회는 고위 경영진으로 구성되고 회사의 모든 비즈니스를 대표한다. 회원들은 다양성을 확대하고 노동력을 더 깊이 포용시키는 책임을 맡고 있다.

이 그룹은 전략적 방향을 제시하고 인력, 고객, 공급업체 및 커뮤니티에 초점을 맞춰 기업의 다양성 목표를 설정한다.

1.2. 모든 연령대의 인재 채용

유나이티드 헬스 그룹은 모든 연령대의 인재유치를 적극 모색하는 채용 전략을 펼치고 있다. 대학 모집 프로그램과 대학 및 MBA 학생들을 위한 인턴십 프로그램을 가지고 있다. 또, 군인, 베테랑, 군인 배우자 후보를 모집하고 구체적으로 50세 이상 인재도 채용을 추진하고 있다. 작업장 정책 및 프로그램이 마련되어 숙련 근로자의 채용 및 유지를 지원한다.

1.3. 온라인 교육을 통한 인식 제고

이 회사 프로그램의 한 특정 부분은 다양성과 비즈니스 목표의 접촉지점을 예시하고 있다. 모든 직원들은 "차이와 포용의 가치 평가"라는 제목의 온라인 교육과정을 들어야 한다. 예를 들어, 교육과정의 한 모듈은 다른 세대 직원들의 스타일과 작업 접근 방식의 차이를 탐구한다. 이 과정은 여러 세대의 직원들이 서로 다른 선호도를 보일 수 있다는 인식을 높이기 위해 고안되었다. 직원들이 특정 고객을 지원할 때 대안적 접근법을 활용해야 할 수 있다는 것을 이해하도록 돕기 위한 것이다.

다세대 인력에 대한 내용을 포함한 다양한 추가 온라인 강좌는 모든 직원이 이용할 수 있다. 이 회사는 매년 여러 차례 웹 세미나를 개최한다. 회사 직원들이 지리적으로 분산되어 근무하기 때문에 웨비나는 정보를 제공하고 수많은 직원이 이벤트를 보고 참여할 수 있도록 지원하는 효과적인 방법이다. 주제는 트렌드와 직원 및 비즈니스 분야 리더의 피드백을 바탕으로 선정된다.

유나이티드 헬스 그룹은 종종 2,000명 이상의 직원들이 이 웹 세미나에 채널을 맞추고 있다. 이 웹 세미나는 방송 이후 직원들이 온라인으로 볼 수 있게 한다.

2. 영국의 센트리카(Centrica) : 다양한 노동력의 유인 및 보유[2]

센트리카(Centrica PLC)는 2011 미국퇴직자협회(AARP) 50+ 근로자를 위한 베스트 사용자 상의 수상자였다. 이 회사는 다양한 연령층의 고용창출, 유연한 업무 정책, 연령 인식 교육 등을 위한 헌신적인 노력으로 인해 상을 수상했다. 다양성과 포용 전략을 통해 노사 모두의 니즈를 해결할 수 있는 혁신적인 방법을 지속적으로 개발해 왔다.

브리티시 가스의 모회사인 센트리카는 영국에서 가장 큰 엔지니어 고용주이자 에너지 및 서비스 회사이다. 윈저에 본사를 둔 이 회사는 전 세계에 36,000명의 직원을 두고 있다. 다양한 인재를 유치하고 유지하는 것이 회사의 중요한 정책이다.

센트리카의 다양성 전략은 현재 포용에 초점을 맞춘 전략으로 발전했다. 고용 정책 및 관행은 고용 결정이 연령, 장애 또는 기타 다양성 속성이 아니라 비즈니스의 니즈와 관련하여 개인의 능력과 잠재력에 기초하는 문화를 반영한다. 센트리카는 다양한 연령의 인력이 비즈니스 성공에 귀중한 기여를 하고 고객의 다양한 니즈를 충족시키기 위해 혁신을 추진하고, 연령과 경험을 포함한 다양성 영역에 걸쳐 인재를 모집하고 있다.

2.1. 인재 채용의 지속적인 혁신

센트리카는 HitReturn 프로그램에서 증명되었듯이 인재를 발굴하기 위한 혁신적인 방법을 계속 모색하고 있다. HitReturn 프로그램은 2년 이상의 경력 단절 이후 직장복귀를 모색하고 있는 모든 고위직 전문가를 대상으로 하는 새로운 파일럿 프로그램이다. Mars & Vodafone과 제휴하여 출범한 이 회사는 영국 최초의 기업 간 파트너십(cross-company partnership)이다.

파일럿 프로그램은 12주간의 유급 '리턴십(returnships)'을 제공하여 사람들에게 전문적인 임무를 수행하고 전문가 코칭을 받을 기회를 제공한다. 또한, 참가기업은 멘토를 제공하고 내부 네트워크에 대한 접근을 제공한다. 취업 기회는 마케팅, 법률, 금융, 기술, HR을 포함한 영역에서 3개 참여기업을 대상으로 제공된다. 프로그램 참여는 영구적인 직업을 보장하지는 않지만, 영구적인 직업을 가질 가능성이 있다. 아직 HitReturn이 성공인지 판단하기에는 너무 이르지만, 센트리카는 그것이 경험 많고 자격을 갖춘 인재를 유치하는 방법이라고 믿고 있다.

2.2. 모두에게 견습생 자격 제공

견습생은 오랫동안 센트리카의 직원개발 프로그램의 일부였다. 2006년에 견습생 프로그램에서 연령 제한이 없어졌고, 지난 10년 동안 나이 든 지원자들이 지원하도록 장려되었다. 센트리카는 적극적으로 나이 든 근로자들을 고용하고 직원들의 기술을 개발하는 데 지속적으로 투자한다. 회사의 대학원 졸업자 채용 프로그램도 성인 졸업생을 포함하려고 한다.

2.3. 직원 네트워크를 통한 일과 삶의 균형 유지 지원

센트리카에는 여성 네트워크, 부모 네트워크, 아빠 네트워크, 보호자 네트워크를 포함한 다양한 직원 네트워크가 있다. 예를 들어, 보호자 네트워크는 노인에 대한 관리 책임이 있는 직원들을 위한 지원과 조언을 제공하는 데 초점을 맞추고 있다. 네트워크는 10년 넘게 구축되어 왔으며 최근에는 온라인 시스템을 만들어 운영하고 있다. 현재 전 사업부에 걸쳐 1,000명이 넘는 회원을 보유하고 있다.

각 직원 네트워크에서는 멘토링 프로그램을 제공한다. 이런 종류의 가족친화적인 노동력 프로그램을 제공함으로써, 센트리카는 인재를 유치하고 유지하기를 희망한다.

3. 미국의 PNC : 회사성과에 대한 다양한 시도[3]

많은 기업이 다양성과 포용성(D&I)에 초점을 맞추고 있지만, 경영 성과 지표에 D&I 목표를 포함하거나 EBRG(Employee Business Resource Groups)를 활용하여 비즈니스 목표를 달성하는 기업은 거의 없다. PNC 파이낸셜 서비스 그룹(PNC Financial Services Group, PNC)은 이를 위해 다양성과 포용 전략을 발전시켰으며 그 결과 시장에서 더 나은 경쟁을 할 것으로 기대하고 있다.

PNC는 미국에서 가장 다양한 금융 서비스 회사 중 하나이다. 사업은 소매업과 비즈니스 뱅킹, 부동산 금융, 재산 관리, 자산 관리가 포함된다. 은행 지점은 콜롬비아와 19개 주에 약 2,700개를 운영하고 있다. 펜실베이니아주 피츠버그에 본사를 둔 PNC는 미국과 해외의 약 52,000명의 직원을 고용하고 있다.

PNC의 주요 초점인 다양성과 포용성은 조직에 완전히 내재되어 있으며 비즈니스 성과와 관련이 있다. 모든 직원은 자기 일에 몰두하고 고용주가 자신의 의견을 존중한다는 것을 알 수 있는 환경하에서 완전하게 참여한다. 또한, 경쟁력 유지, 혁신 촉진 및 수익성 향상에 인재의 다양성과 인력개발이 중요함을 인식하고 그렇게 되도록 노력하고 있다.

3.1. 작업장에 집중

프로그램의 성공을 보장하는 한 가지 방법은 회사 전체의 리더십을 수반하는 것이다. PNC는 CEO가 의장을 맡고 회사 전체에 걸쳐 모든 사업 부문을 대표하는 22명의 고위 경영진의 지원을 받는 기업다양성위원회(Company Diversity Council; CDC)가 있다.

CDC 회원들은 3년 임기 동안 봉사하고, 그 후에는 그 단체의 아이디어와 전략이 신선하고 혁신적으로 유지될 수 있도록 위원을 교대한다.

CDC는 2014년에 관리자를 위한 성과 목표를 시행했다. PNC는 이 목표를 지원하기 위해 리더십 워크숍인 '인재 키우기'를 개최하였는데, 이 워크숍을 통해 관리자들이 그들의 직업의 비즈니스 측면 뿐만 아니라 다양한 인력을 채용해 훈련시키는 기술을 개발하도록 지원하였다. 경영자들이 이직, 승진 및 고용 분야에서 성과를 측정하고 추적할 수 있도록 도구가 제공되었다. 관리자들은 모범 사례에 관한 대화에 참여하고 있고, 관리자들의 관리 기술 개발을 돕기 위한 워크숍 요청이 증가하고 있다.

또한 PNC는 감사, 비즈니스 뱅킹, 고객 관리, 리스크 관리 및 기술을 포함하는 12개의 LOB(Line of Business Difference) 및 포용 협의회를 지원한다. 이러한 위원회는 다양성과 포용을 특정 비즈니스 영역에 통합하는 방법을 찾아야 하는 책임을 지고 있다.

3.2. 노동력의 참여

PNC는 64개의 다른 장으로 구성된 10개의 EBRG를 후원한다. 이 EBRG는 직원 선호도 그룹의 일반적인 기능을 넘어 각 그룹의 운영 계획에 비즈니스 구성요소가 포함되도록 보장한다.

PNC 직원들의 22%가 EBRG 이니셔티브에 참여하고 있다. 이 이니셔티브는 전 직원이 참여할 수 있다. 각 그룹은 일반적으로 인종, 민족, 지위, 장애 상태 또는 성적 지향과 같은 공통의 다양성 속성을 공유하는 구성원으로 구성된다. 그룹 구성원은 고위 경영진과 함께 각자의 프로그램 이니셔티브 및 비즈니스 기회와 관련된 문제에 대해 긴밀히 협력한다. EBRG는 또한 파트너십, 후원, 문화행사 참여 등을 통해 1년 내내 지역사회에서 PNC를 대표한다.

EBRG는 PNC의 성장 중 일부가 합병 활동을 통해 발생한 이후 점점 더 중요해지고 있다. 구체적으로 EBRG는 신입사원의 회사에 대한 동화를 촉진하는 데에도 도움이 되었다.

EBRG에는 모든 EBRG 회원이 참여할 수 있는 다양성 및 포용 멘토링 프로그램이 포함되어 있다. 멘토링 프로그램은 직원들이 기업 문화, 네트워크 및 발전을 도모할 수 있도록 돕는 것을 목표로 하고, 직원들의 참여도를 높이는 역할도 한다.

최신 EBRG인 IGen은 세대 간 문제에 초점을 맞추고, 기성세대에서 젊은 세대로 지식을 전달하는 자연스러운 방법을 제공한다. IGen은 PNC의 인재개발팀과 협력하여 경력 단절 극복에 대한 모범 사례와 개인적인 일화를 공유하고 직원의 유지 능력을 더욱 향상시킬 수 있는 방법을 모색하고 있다.

3.3. 목표를 시장까지 확장

PNC는 고객과 지역사회를 포함하는 시장에서 다양성 이니셔티브에 집중한다. 지역다양성협의회는 신규고객 유치, 다양한 공급업체와의 제휴, 지역사회와의 관계 강화를 통해 수익을 창출한다.

PNC는 지점에 2개 국어를 사용하는 직원을 배치하고, 10개 이상의 언어를 사용하는 ATM을 제공하며, 170개 이상의 언어로 된 통역 서비스를 지점과 전화로 사용할 수 있도록 하였다. 이 회사는 또한 신체, 시각 및 청각 장애가 있는 사람들을 위한 서비스도 제공한다.

4. 미국의 AT&T : 직원자원 그룹이 주도[4]

많은 기업이 직원자원 그룹을 다양성과 포용 전략의 일환으로 활용하지만, AT&T는 직원자원 그룹 리더들에게 리더십 트레이닝 기회를 제공하고 매년 본사 직원자원 그룹 회원들의 회의를 통해 다양성과 포용(Diversity & Inclusion) 목표를 강화하는 독특한 모델을 개발했다.

AT&T는 모바일 서비스, TV, 초고속 인터넷 서비스를 제공하는 세계 최대의 통신 회사이다. 텍사스주 댈러스에 본사를 둔 AT&T는 전 세계 57개국에 272,000명의 직원을 두고 있다. 노동력은 Z세대 1%, 밀레니얼 세대 26%, X세대 43%, 베이비부머 30%의 4세대로 구성되어 있다.

AT&T는 의도적으로 다양성에 초점을 맞춘 경영을 한 오랜 역사를 가지고 있다. AT&T는 사람들 간의 차이를 활용해 고객에게 적합한 서비스를 제공하고 비즈니스 목표를 달성해 선택된 고용주로 남을 수 있다고 믿고 있다.

따라서 고위 경영진은 다양성 이니셔티브를 주도하고 다양성을 모든 비즈니스 운영에 포함시킬 책임이 있다. AT&T에는 회장이 이끄는 다양성 위원회가 있고, 다양성 관련 임원을 두고 관련 보고서를 작성하고 있다. 위원회 구성원들은 D&I 전략이 직원 포함, 지역사회 영향, 다문화 마케팅, 공급업체 다양성 등 비즈니스 목표와 우선순위에 부합하도록 하면서, 소속 부서 내에서 많은 이니셔티브를 주도한다.

4.1. 직원자원 그룹(Employee Resource Group)의 역량 활용

AT&T는 현재 지원, 옹호, 교육 및 멘토링을 제공하는 12개의 직원자원 그룹(Employee Resource Group : ERG)을 지원하고 있다. 흥미롭게도 각 그룹은 비영리 단체로 통합되었다. 회사는 다양성 위원회를 통해 ERG를 지원한다. ERG는 AT&T로부터 돈을 받고 다른 곳으로부터도 돈을 모금할 수 있다. 다른 조직들과 유연하게 통합하여 활동할 수 있다.

회원들은 회사의 홍보대사로 활동하면서 종종 인재 채용 활동을 보조한다. ERG는 또한 그들이 대표하는 커뮤니티나 지역사회 등의 자원봉사 활동에 참여한다.

AT&T는 ERG에 리더십 개발을 위한 경로를 제공한다. ERG 리더십 아카데미는 참가자들이 리더십 기법과 역량을 개발하는 데 도움을 주기 위해 설계되었다. 국가별 ERG 대표들은 아카데미에 참여할 최고위급 간부들을 지명한다. 2015년 현재 1,000명 이상의 ERG 리더들이 아카데미에 다니고 있다.

EGR 중 두 개는 세대 중심성을 갖고 있다. 젊은 전문가들에게 초점을 맞춘 OxyGEN과 50세 이상의 전문가들에게 초점을 맞춘 〉50이다. OxyGEN의 임무는 미래의 리더들을 끌어들여 개발하고 유지시키는 것이다. 지역사회 홍보에 적극적이었던 OxyGEN은 2014년 26개 도시에서 노인들에게 모바일 기술에 대해 교육하는 행사를 후원했다. 〉50의 사명은 업무 공간 및 지역사회 다양성과 포용, 전문 개발, 기술 리더십, 성장에 대한 회사의 의지를 구체화하기 위해 경험 있고 헌신적인 AT&T 전문가 그룹을 고용하는 것이다. 또한, 젊은 경영자들이 다양한 연령대의 노동력을 이끌 수 있도록 설계된 'Workforce 2020 : Better Together'라는 이니셔티브를 마련했다.

4.2. 직원 네트워크 생성

AT&T는 ERG 외에도 전 직원이 이용할 수 있는 9개의 직원 네트워크(Employee Networks : EN)를 후원하고 있다. EN은 교차 기능적 다양성을 중심으로 구성되며 특정 비즈니스 또는 전문 개발 문제에 초점을 맞춘다. EN은 ERG와 마찬가지로 직원이 만들고 관리한다. 그러나, EN은 ERG와는 달리 공식적인 비영리 단체가 아니다. EN 그룹의 예로는 비즈니스 전문가, AT&T

기술 여성, AT&T 금융 여성, 프로젝트 관리 네트워크 등이 있다.

3. 연간 전국 ERG 회의

매년 댈러스에 있는 본사에서 전국 ERG 콘퍼런스가 열린다. ERG의 모든 구성원은 참석하도록 초대되며, 고위 지도자의 경우 의무적으로 참석해야 한다. 약 1,500명의 직원과 100명 이상의 임원 및 고위 관리자들이 각 회의에 참석한다. 이 행사는 다양성과 포용(D&I) 전략을 옹호하는 회원들을 돕기 위해 마련된 연설과 워크숍으로 구성된다. 행사 기간 동안에 6개의 ERG 이니셔티브에 회사, 산업, 지역사회에 변화를 준 것에 대한 공로로 상을 수여한다. 그리고 지역 자선단체에서 봉사 활동을 한다.

5. 미국의 McDonalds : 세대별 요구에 맞는 맞춤식 경력개발[5]

5.1. 배경

Y세대 코호트는 맥도널드 인력의 거의 75%를 차지한다. 교육 및 개발은 Y세대를 위한 핵심 경력 앵커로 인식되기 때문에, 이 세대에 적합한 조직은 이를 유치, 참여 및 유지할 것이다. 교육 및 개발은 맥도날드가 이처럼 많은 인력을 효과적으로 유치, 참여 및 유지할 수 있도록 돕는 데 근본적인 역할을 할 뿐만 아니라 높은 수준의 고객서비스와 품질을 유지하는 데에도 중요한 역할을 한다. 특정 세대의 직원 비율이 매우 높은 맥도날드는 대부분의 인력을 미리 정의된 교육 및 개발 계획에 배치하지 않고 Y세대의 요구, 기대 및 행동을 수용하는 맞춤형 프로그램을 개발했다.

5.2. 접근 방식

이 접근 방식의 성공 비결은 Y세대 직원들이 다르다는 인식을 하고 수용한 것이었다. 훈련과 개발은 그들의 참여를 유지하고 그들의 성과를 극대화하기 위해 조정되어야만 했다. 맥도날드가 이 차이점이 정확히 어떤 것인지 조사했을 때, 그들은 Y세대가 시청각 자극에 초점을 맞춘 정보를 자주 제공하는 채널에서 정보를 빠르게 흡수하는 능력이 뛰어난 멀티태스커라는 것을 발견했다.

Y세대는 친구들과 또래 집단에 대한 믿을 수 없을 정도로 강한 충성심을 형성해 왔다. 따라서 맥도널드는 교육 환경에서 Y세대의 선호도가 협력적으로 작용하는 것을 발견했다. 또한, 그들은 즉각적인 피드백을 요구한다. 따라서 맥도널드는 이러한 독특한 행동을 고려하여 훈련 프로그램을 재설계하여 프로그램이 시청각 정보로 채워진 멀티태스킹을 용이하게 하고 즉각적인 피드백을 위한 기회를 제공하는 훈련을 제공하기 위해 최신 기술을 사용했다.

이러한 프로그램의 사례로 2008년에 만들어진 맥도날드 서비스 리더십 강좌가 있다. 이 강좌는 매장에 제공되는 레스토랑 시프트 매니저(Shift Manager)를 위한 하루 과정이다. 본 코스는 개인이 주방 프로세스에 대한 독점적인 집중에서 전체 식당을 관리하고 직원과 고객을 전적으로 책임지는 방향으로 나아가기 때문에 시프트 매니저의 역할에 초점을 맞춘다.

5.3. 결과

학술 기관인 Adrian Foorham에 의해 수행된 연구에 따르면 맥도날드 직원의 90%가 높은 수준의 직원 참여를 보였다. 맥도날드 직원들 간의 이러한 높은 수준의 참여에 있어 중요한 기여 요인은 조직이 제공하는 교육 및 개발 기회였다.

6. 영국의 P&G : 내부 커뮤니케이션 개선[6]

6.1. 배경

P&G의 가장 큰 이슈 중 하나는 일과 삶의 균형이다. X세대와 Y세대가 입사를 하면서 회사 내에서 일과 삶의 균형에 대한 수요가 증가했으며, 이는 세대 차이로 인식되고 있다.

지난 2~3년 동안 입사한 신입사원들은 기꺼이 열심히 일하지만, 또한 휴식시간을 더 많이 갖기를 원한다. 점점 더 많은 사람들이 현재 직책 없는 역할을 가지고 있거나 현장에서 벗어나 있다. 정기적인 직원 설문 조사결과를 보면, 업무와 생활의 균형에 대한 조직 전체의 수요가 증가했다.

6.2. 접근 방식

일과 생활의 균형은 인사관리 관점에서 살펴보는 핵심영역 중 하나이다. P&G는 일과 삶의 균형을 개선하기 위해 "에너지(energy)" 팀을 구성했다. 이 혼성기능팀은 인사부서 출신이 아닌 직원들이 이끌고 있다. 이 분야에서 혁신적일 수 있는 방법을 모색하고 있고 런던의 킹스 칼리지(Kings College)와 협력하고 있다. 웨이브릿지(Weybridge)에 있는 본사에서는 직원들의 의견을 수렴하고 잠재적인 이니셔티브를 시험하고 피드백을 얻기 위해 2008년 1주일간 대형 아트리움 에어리어(atrium area)가 이용되었다. 이러한 접근 방식은 일과 생활의 균형을 개선하는 데 도움이 되고 있으며, 다세대에 맞춰진 내부 커뮤니케이션 이니셔티브의 일부가 되고 있다.

'셰어포인트(Sharepoint)'라는 새로운 온라인 정보/지식 공유 시스템은 회사 인트라넷의 링크를 통해 어디서나 접근할 수 있다. 이는 팀들이 사무실 위치에서만 접근할 수 있는 디렉토리에 정보를 저장했을 때와 비교하면 큰 변화이다. 이러한 많은 정보는 필요한 경우 누구나 보고 피드백할 수 있도록 열려 있다. 이것은 회사를 개방적이고 투명하게 만드는 진정한 변화이다. 점점 더 많은 팀들이 학습 과정에 대한 피드백을 위해 블로그를 사용하고 있다.

경력개발에 대한 접근도 일과 삶의 균형을 돕고 있다. '내부로부터 구축(Build from within)'(P&G가 막 졸업한 사람을 채용해 빠르게 움직이게 하겠다는 정책)이 인력보유의 도전과제를 낳았다. 신입사원들은 그들의 높은 기대를 충족시키지 못하면 3~5년 후에 떠나는 경향이 있었다. 이 문제를 해결하기 위한 한 가지 이니셔티브는 사람들에게 첫 번째 과제를 마친 후(일반적으로 2~3년 후) 3개월 무급 안식년을 제공하는 것이었다. 또 입사 전 갭이어(gap year)에 관심이 많았지만, 여유가 없었던 사람이 있다면 이 단계에서 할 수 있고 그들을 위해 기회가 제공된다.

6.3. 성과

진행 상황은 주로 연간 설문 조사 및 인터뷰 결과에 대한 데이터를 통해 추적 및 모니터링이 된다. 일과 생활 간 균형 및 유지에 대한 징후는 현재까지 대체로 긍정적이다.

7. 영국의 B&Q : 세대 간 균형 잡힌 인력 창출[7]

B&Q는 영국 기업으로는 처음으로 고령자를 신규로 고용한 회사로서 세대균형을 추구하는 기업으로 알려졌다. 2008년에는 직원의 26%가 50세 이상이고 24세 이하는 24%였다.

이러한 결과를 달성한 주요 동인과 조치들은 다음과 같다.

- 1989년에 50대 이상으로만 구성된 매장 2개 개점
- 2개 매장 중 하나를 다른 4개 슈퍼센터와 비교하여 벤치마킹
- 고무적인 결과를 활용하여 문화적 변화를 촉진하고 고령자 채용에 적극적
- 퇴직연령 폐지 및 다른 모든 연령 장벽 조사
- 폭넓은 사회적 이익을 반영한 전체 50대 이상 직원 연구
- 연령, 근무 기간, 관리 책임과 관계없이 모든 사람에게 유연한 근무방식 제공
- 인재유치 및 인력 통계의 정기적인 검토
- 연령이 아닌 능력으로 채용하는 프로세스
- 학습방법 및 학습 시기에 대한 선택과 유연성을 제공하는 학습 및 개발 프레임워크
- 정보 및 상담 포럼 및 CEO와의 직원 세션을 통해 정기적인 피드백 및 의견 제시
- 모든 매장 내 다양성 챔피언
- 사람을 존중한다는 핵심가치를 바탕으로 다양성에 대한 e-learning 프로그램

B&Q의 비즈니스 사례는 매우 설득력이 있다. 고령자들은 경험이 적은 젊은 직원에게 훌륭한 코치/멘토 역할 모델임을 입증하였다. 그들은 또한 고령자들에 대한 일반적인 고정관념에도 불구하고, 그들이 실제로 변화와 새로운 기술을 공개적으로 수용한다는 것을 발견했다.

8. 영국의 브루넬 케어 : 세대 간 공정한 채용평가를 위한 역량 활용[8]

8.1. 배경

전통적으로 의료분야 채용기준은 특정한 기간 동안의 경험이 필요했다. 브루넬 케어(Brunelcare)는 새로운 비즈니스 문제를 해결하는 데 필요한 역량을 갖춘 경력직 인력을 채용하는 데 어려움을 겪고 있었다. 예를 들어, 모든 산업 또는 경험 수준에서 발생할 수 있는 조사 및 문제해결기술에 대한 역량이 있는 인재를 필요로 했다. 그전의 채용기법은 의료분야에서의 경험을 좀 더 구체적으로 살펴보는 것이 일반적이었다.

브루넬 케어는 기존의 자격 기준 및 부문별 경험을 엄격하게 준수하는 것보다 '조직 적합성'을 우선시했다. 또한, 그들의 채용 과정이 모든 세대에게 동등하게 적합하도록 하고 싶었다.

8.2. 접근 방식

이 회사의 라인 관리자는 직무명세를 정의하고 인사 담당자는 "필수" 기준에 자격과 경험보다 역량이 더 포함되도록 하고 있다. 채용 커뮤니케이션은 "조건 없는" 메시지를 제공하도록 설계되었다. 예를 들어, 채용 광고에서 간호사와 같은 역할에 필수적인 것이 아니라면 필요한 경험이나 자격에 대한 언급은 하지 않는다. 채용 커뮤니케이션의 초점은 브루넬 케어의 가치, 즉 열심히 일하고, 헌신하고, 약속을 지키며, 고객에게 착하게 대해야 한다는 것이다. 이러한 가치는 번창하는 조직에서 일하는 사람들과 관련된 자질에 기초한다.

채용 프로세스에서 사용되는 기준은 이러한 가치에 초점을 맞춘다. 지원자는 자신의 잠재적 라인 관리자를 만나 일련의 테스트를 거쳐 평가되며, 역량 기반 면접을 본다. 예를 들어, 그들은 자신이 마지막으로 누군가를 도왔을 때의 경험을 말하라는 요구를 받는다. 그에 대한 판단은 그들이 실제 상황에서 어떻게 행동하고 어떻게 행동하길 원했는가에 기초한다.

8.3. 성과

브루넬 케어는 채용된 사람들의 다양한 배경과 업무성과에서 현저한 향상을 보였다. 예를 들어, 이 회사는 현재 800만 파운드 보호 주택 단지를 건설하고 있는데, 그 프로젝트에 상당한 책임을 지는 23년 경력 프로젝트 매니저를 고용하기 위해 역량 기반 프로세스를 이용했다. 이 채용 프로세스는 개인이 조직과 역할에 필요한 모든 자질을 갖추고 있음을 확인하였다.

브루넬 케어 내에서는 이 방법론이 다른 많은 조직들이 하지 않는 "금 조각(pieces of gold)"을 식별하고 고용하는 데 도움이 된다는 강한 믿음을 갖고 있다.

9. 미국의 Google : 채용 및 유지의 핵심에 맞는 문화[9]

9.1. 배경

구글은 설립된 이후 매우 빠른 속도록 성장했다. 그들은 훌륭한 아이디어와 최첨단의 기술을 계속 창조하기 위해 매우 뛰어난 재능을 가진 인재들이 필요했다. 그들이 고용한 유형의 사람들은 젊고 기술에 정통하며, 종종 막 대학을 졸업한 사람들도 있었다. 왜냐하면, 바로 그들이 필요한 기술과 아이디어를 가지고 있기 때문이다.

구글의 목표는 그들의 배경과 경험 수준에 상관없이 구글 문화에 맞는 영리하고 혁신적인 사람들을 고용하는 것이다. 구글 문화는 약간 무질서하고 비공식적이며, 느긋하고 친근하기도 하다. 회사는 직원들에게 숟가락으로 떠먹여 주지 않는다. 직원들이 자립해서 주도권을 갖도록 한다.

구글은 경이적인 성장과 높은 경쟁력을 갖기 위해 새로운 인재에 대한 지속적인 니즈를 가지고 있다. 그들은 현재 입사하고 싶은 사람들과 5년 후에 입사할 수 있는 사람들에게 구글 '브랜드'를 선물하는 것을 목표로 한다. 좋은 고용주로서의 소문과 평판처럼, 그들이 채용 과정의 각 단계에서 주는 인상은 매우 중요하다.

9.2. 접근 방식

첫째, 사무실의 외관과 느낌을 '하우스 스타일(house style)' - 구글의 기본색상, 라바 램프(lava lamps), 구글 커런트 검색 및 구글 어스 화면 등 - 을 만든다. 그것은 편안한 작업환경을 조성한다.

둘째, 모든 직원은 생동감 넘치는 매점에서 하루 세끼의 무료 식사를 할 수 있고, 무료 음료와 스낵이 있는 넓은 구역을 자유롭게 이용할 수 있다. 이는 비공식적인 사회적 · 사업적 상호작용으로 이어지며, 직원들의 건강에 도움이 된다.

셋째, 내부에 많은 Culture Club(전문직 및 사회적 관심사를 폭넓게 수용하기 위한 특수 이익 단체)이 존재하는데, 회사는 조직들을 지원한다.

넷째, 전 세계 어디서나 언제나 사용할 수 있는 기술 및 사무실을 제공하여 랩톱을 연결하고 작업할 수 있게 한다.

다섯째, 채용 과정은 전 세계적으로 공통적이고 매우 개인적이다. 전화 인터뷰를 한 후에 다른 많은 사람들과의 1:1 대화를 하게 한다. 그 과정은 모든 연령대에 적합하지만, 경험이 많은 사람들에게 더 유리할 수 있다. 하지만, 채용의 목표는 단순히 적합한 기술을 보유한 사람이 아니라 문화적으로 구글에 적합한 사람을 뽑는 것이다.

9.3. 성과

성과로는 뛰어난 인재유치, 탁월한 인재 보유율, 대학 졸업생들이 '일하고 싶은 기업' 제1위로 선정한 것을 들 수 있다.

10. 스코틀랜드의 BNP PARIBAS : 다세대 가속 성장 프로그램[10]

10.1. 배경

BNP Paribas는 상대적으로 작은 금융 서비스 시장이 있는 스코틀랜드에서 크게 성장하고 있는 기업이다. 소수의 숙련된 금융 서비스 직원들에 대한 경쟁 때문에, 그들은 미래의 리더들을 위한 파이프라인을 개발하면서 새로운 인재를 찾고 있다.

10.2. 접근 방식

BNP Paribas는 15명을 대상으로 2년간의 개발 프로그램이 될 새로운 가속 성장 프로그램(Accelerated Growth Programme)을 시작했다. 이 프로그램은 대학졸업자, 휴직 후 사회복귀자와 전직하려는 고령자 등 광범위한 인력풀로부터 인재들을 끌어들이기 위한 프로그램이다. 이 프로그램은 자격보다 행동과 태도를 더 중요시한다.

이 프로그램에 참여한 모든 사람은 IAQ 자격을 취득하고 선임 멘토를 두며 사업부별로 4번(각 6개월) 배치를 받는다. 다양한 부서에 어필할 수 있도록 다양한 학습방법이 제공된다. 즉, 독서 및 비디오 클럽과 정기적인 모임을 통한 학습, 실제 응용프로그램에 대한 토론, 개발 프로젝트 작업에 참여할 기회가 그것이다.

10.3. 성과

이 프로그램은 시행한 지 얼마 되지 않았지만, 참여자들이 매우 광범위하여 세대 다양성을 구축할 수 있을 것으로 예상한다.

11. 미국의 Texas Health Resources[11]

텍사스 건강 자원(Texas Health Resources)은 북 텍사스에 위치한 건강 돌봄서비스업체이다. 서비스 지역은 620만 명의 인구를 가진 16개 시군으로 구성되어 있다.

11.1. 추진내용

텍사스 건강자원은 2012년 현재 전통주의세대 2%, 베이비붐 세대 36%, X세대 50%, 밀레니얼 세대 13%로 구성되어 있다. 이 회사는 인력 다양성 정보와 직원 설문 조사 등을 통해 세대 통합적 인력관리를 하고 의미 있는 HR 전략을 수립해 실시하고 있다.

첫째, 텍사스 건강자원은 시설과 프로그램, 직원과 모범 사례 및 품질 개선 등을 제공하는 유튜브 채널을 만들었다. 이 채널은 다양한 시청자를 끌어 모을 수 있도록 제작되어 관리된다. 구직자들은 현재 직원과 자원봉사자들의 증언을 보고 이 회사에 대해 더 자세히 배울 수 있다.

둘째, 텍사스 건강자원은 "약속(The promise)"이라고 하는 일련의 가치, 행동 및 서비스 표준을 통해 "함께 개인을 돌보는 개인(individuals caring for individuals, together)"이라는 돌봄 문화를 정착시켰다. 직원들은 팀워크를 증진시키고 몸과 마음, 정신을 돌보기 위해 동료와 환자를 예의와 품위, 신뢰로 대하는 등 9가지 행동을 기준으로 연간 평가를 받는다. 채용에 앞서 예비 직원들은 온라인 평가를 완료하여 자신의 가치가 조직의 가치와 일치하는지에 대해 판단을 받는다.

셋째, 텍사스 건강자원은 미래의 간호 부족 사태를 예상해 자체적으로 간호사를 성장시키는 프로그램(The youth prodigy program)을 만들었다. 이 프로그램은 간호직 경력에 관심이 있는 고등학교 졸업생들과 전문학사를 취득하고 이 회사에서 일하는 동안 학사 학위를 취득하는 데 관심이 있는 학생들을 위해 고안되었다. 회사는 간호 분야에서 경력을 쌓으려고 진학한 직원들에게 수업료를 지원한다.

넷째, 텍사스 건강자원의 가장 큰 비중을 차지하고 있는 간호사들에게는 근무유연성을 갖는 선택권을 제공한다. 텍사스 건강자원 Central Staffing Office 풀을 통해 간호사들은 원하는 만큼 일할 수 있도록 유연한 스케줄링 옵션을 가질 수 있다. 이들은 소득을 보충하기를 원하면 보건 시스템을 통해 다른 병원에서도 임시근무를 할 수 있다.

다섯째, 텍사스 건강자원은 "어플라우스(Applause)!"라고 불리는 인식 프로그램을 만들었다. 직원들은 우수한 성과와 장시간 봉사에 대한 감사카드, 보상 및 기타 인정을 받는다.

여섯째, 텍사스 건강자원은 여러 세대를 관리하는 데 초점을 맞춘 교육프로그램을 제공한다. 세대 인식과 교육은 국가공인 교육프로그램인 "세대 간 리딩(Leading Across Generations)"을 사용하는 것으로 시작된다. 교육은 2011년 이후 계속 발전해 현재는 팀 상호작용과 역동성을 개선하기 위해 리더와 작업 팀을 대상으로 설계된 과정도 포함되어 있다.

일곱째, 텍사스 건강자원은 커뮤니티를 만들고 구축하기 위해 페이스북, 트위터 등 소셜 네트워크를 사용한다. 예를 들어, 야머(Yammer)는 상호작용과 협업을 장려하는 직장기반 애플리케이션이다. 이 애플리케이션은 페이스북과 마찬가지로 직원들이 프로필을 만들고 볼 수 있게 한다. 파일 공유를 지원하고 동료 멘토링 및 지식 교환을 위한 기회도 제공한다. 야머는 팀 대화, 협업 및 효율성에 기여했다.

11.2. 추진결과

간호사에게 유연한 근무옵션과 추가 수입 기회를 제공함으로써, 보건 시스템은 적절한 인력 수준을 유지하면서 간호사 인력알선기관에 대한 의존도를 줄였다. 현재 중앙 인력풀에는 400명의 간호사들이 있다.

강력한 소셜 미디어의 존재 덕분에 텍사스 건강자원은 다양한 온라인 소스로부터 다양한 인력을 고용할 수 있었다. 예를 들어, 2013년 2분기에는 160명의 신규 채용자가 의료 시스템의 경력 사이트에서 선발되었다. 구글, 빙, 야후와 같은 검색 엔진에서 47명, LinkedIn, Facebook, Twitter와 같은 소셜 네트워크에서 8명, Health Callings 및 Career Builder와 같은 작업 게시판에서 20명, True와 같은 클릭당 급여 사이트에서 10명이 채용되었다. 텍사스 건강자원은 페이스북 페이지에 링크드인 멤버십과 '좋아요'를 늘리는 등 소셜 미디어의 존재감을 지속적으로 확장시켜 나가고 있다.

소셜 미디어 플랫폼의 사용은 직원의 참여를 증가시키는 데 기여했다. 텍사스 건강자원은 소셜 미디어 활동에 대한 분기별 보고서를 생성하여 게시된 메시지 수부터 개인 메시지 및 그룹 메시지 수에 이르기까지 직원의 참여 수준을 모니터링한다.

세대 친화 인력관리를 통해 직원 참여 및 팀 상호작용이 개선되었다. 2013년 직원 조사에서는 92%의 참여율을 보였는데, Press Ganey의 전국 평균 60~65%를 훨씬 웃돌았다. 이 때문에 텍사스 건강자원은 시스템 참여율 93%로 Press Ganey 상위 10위권 안에 올라 있다.

11.3. 교훈

텍사스 건강자원의 리더들은 훌륭한 근무환경을 만드는 것은 목적지가 아니라 여정이라는 것을 깨달았다. 그 여정 중에는 지속적인 개선과 학습 주기가 포함되어 있다. 세대별 다양한 인력을 하나의 보건 시스템으로 관리하려면 포용하기 어렵다. 그 때문에 효과적으로 이론을 관행으로 변환시키는 것도 필요하다.

텍사스 건강자원은 세대통합 인력관리는 전략, 접근 방식 및 프로세스라는 사려 깊고 효과적인 계획을 통해서 이루어지는 것이 가장 중요하다는 사실을 알게 되었다. 니즈와 욕구, 기대가 다른 세대별 고유의 '문화 청사진(culture blueprint)'을 통합하고, 세대 차이에 영향을 미치는 문화, 전문적 경험, 교양, 교육 등 다양성 차원을 인정하는 것도 여기에 포함된다.

12. 미국의 프로메디카(ProMedica)[12]

프로메디카는 오하이오주 톨레도에 위치한 비영리 의료단체이다. 네트워크에 있는 11개의 병원은 오하이오주 북서부와 미시간주 남서부에 있는 27개 카운티에서 서비스를 제공한다. 프로메디카는 14,000명 이상의 직원, 400명의 이사진, 3,000명의 자원봉사자를 보유하고 있다.

12.1. 추진내용

프로메디카는 인력 수요를 결정하기 위해 직원 대상으로 의견 조사를 했다. 조사결과 48세 이상 직원은 조직 발전 방향과 단절돼 있고, 28세 이하 직원들은 단기고용에 치중해 현재의 직급과 급여에 불만이 있는 것으로 나타났다. 이에 향후 노동수요를 예측해 다음과 같이 변화하는 요구에 맞는 추진전략을 개발했다.

첫째, 프로메디카는 전국적인 의사 부족 속에서 지역사회의 요구를 충족시키기 위해 학생들을 모집하고 의사와 건강 전문가들을 훈련시키는 데 초점을 맞췄다. 2010년에 프로메디카와 톨레도대학은 레지던트 프로그램을 확장하기 위해 교육 파트너십을 맺었다. 두 기관은 지역사회에서 임상 교육과 연구를 강화하고 미래의 의료 전문가를 양성하기 위해 고안된 아카데미 건강센터를 설립했다.

또한 프로메디카는 간호 인력 부족 문제를 해결하기 위해 간호사 레지던트 프로그램도 만들었다. 이 프로그램은 급성질환 관리 경험이 12개월 미만인 신입 간호학과 졸업자에게 제공된다. 간호사의 전문적 실무 준비 및 전환을 목적으로 하는 이 프로그램은 비판적 사고 기술, 환자 안전, 품질 관리, 증거 기반 실습, 팀워크 등을 중심으로 18주~40주의 지도 학습을 제공한다. 실습 첫해 1년 내내 신입 간호사들은 직업적 성공을 하도록 지속적인 전문적이고 사회적인 지원을 받는다.

2013년에 프로메디카는 United Way와 제휴하여 여름 청소년 프로그램을 확대하였다. 톨레도 지역의 16세~21세 사이의 불우한 청소년들을 대상으로 8주 동안 주 24시간 일을 하게 한다. 참가자들은 여러 병원과 사업부에서 서로 다른 일자리에 배치되어 의료경력을 쌓으며 실제 경험을 한다. 이 프로그램은 미래의 의료 종사자들을 위한 파이프라인 역할을 하기 위해 만들어졌다. 성과가 좋은 사람은 매년 여름 이 프로그램에 다시 고용되거나 프로메디카 내에서 영구적인 일자리를 제공받는다.

둘째, 프로메디카는 고용 첫해 동안 20세~30세 사이 직원들의 이직률이 가장 높아서 이 그룹을 대상으로 등록금 상환, 펠로우십 기회 및 간호 레지던트 프로그램과 같은 인력보존 이니셔티브를 개발했다.

프로메디카는 교육을 더 받고자 하는 직원들을 위해 2가지 프로그램을 제공한다. 톨레도대학에 다니는 학생들을 위한 수업료 면제 프로그램과 정규직 직원들에게 선불 또는 환급된 자금(학위 유형에 따라 다름)을 제공하는 수업료 지원 프로그램이다. 수수료 면제 프로그램은 정규직의 경우 학기당 최대 8학점, 시간제 직원의 경우 등록금의 50%를 무료로 제공한다. 또한, UT-프로메디카 장학금은 모든 학위 프로그램에 관심이 있는 프로메디카 직원들에게 무료로 제공된다.

2012년 9월에 프로메디카는 Owens Community College와의 보조금 파트너십을 통해 정규직으로 보조금이 지원되는 경력 코치직을 신설하여 직원에게 경력 서비스를 제공했다. 모든 연령층 근로자가 업무와 조직에 계속 잘 적응하도록 하는 것이 목적이다. 커리어 코치는 ① 관심 재고 평가를 통한 직원 분석 및 지도, ② 장단기 진로계획 수립지원, ③ 고등교육 선발 및 자금 지원, ④ 이력서 작성, 내부 구직, 면접 등을 안내한다. 서비스는 1:1 회의 및 그룹 워크숍을 통해 제공된다.

12.2. 추진결과

아카데미 건강센터 첫해에는 레지던트 회전이 17회에서 31회로 늘었다. 2016년까지 프로메디카의 톨레도대학 재학생은 레지던트 순환을 63회 실시하였다(29회 신규순환, 26회 확대순환). 신규순환은 마취과, 응급의학, 산부인과, 암, 그리고 이비인후과 등을 포함한다.

간호사 레지던트 프로그램은 인기와 효과 면에서 계속 성장하고 있다. 2012년 5월부터 2013년 8월까지 350명의 간호사가 프로메디카의 급성 치료 시설 프로그램에 고용되었다. 등록간호사 취업 첫해 이직률은 2011년 26%에서 2013년 17%로 감소했다. 그중 약 1/3은 레지던트 프로그램의 직접적인 결과였다.

커리어 코치가 생긴 이후 커리어 코치가 제공하는 커리어 서비스 활용도가 매달 높아지고 있다. 하계 청소년 프로그램에는 2013년 250여 명이 지원했고, 그중 70여 명을 채용했다.

12.3. 교훈

모든 연령대의 직원을 채용해 유지하는 다면적인 접근 방식은 우수한 직원을 지속적으로 공급하기 위해 매우 중요하다. 특정 세대의 요구를 해결하기 위한 프로그램은 이러한 접근법에 도움이 되었다. 건강 시스템은 일과 삶의 균형, 신체적인 노동수요와 같은 참여와 만족을 고려하고 있다.

13. 미국의 동부 아이다호 지역 의료 센터[13]

동부 아이다호 지역 의료 센터(Eastern Idaho Regional Medical Center)는 아이다호주 아이다호 폭포근처에 위치한 의료 센터이다. 서비스 지역의 인구는 약 35만 명이다.

13.1. 추진내용

동부 아이다호 지역 의료 센터에는 1,373명의 직원이 있다. 직원 중 가장 많은 구성비를 차지하는 세대는 41%를 차지하는 X세대이다. 베이비붐 세대는 31%, 밀레니엄 세대는 25%, 전통세대는 3%를 차지한다.

2005년에 동부 아이다호 지역 의료 센터의 직원들은 직장에서 발생하는 세대 문제에 대해 우려를 표명하기 시작했다. 그래서 2009년까지 조직의 변화를 촉진시키기 위해 각 코호트의 강점과 차이점을 이해하고 이러한 강점을 활용하여 세대 차이를 중시하는 작업환경을 조성한다는 목표를 세웠다. 직원의 참여, 직원 채용 및 유지, 생산성 향상 및 환자 만족도 향상을 위해 다음과 같은 세대별 이니셔티브가 개발되었다.

첫째, 동부 아이다호 지역 의료 센터는 간호 직원들을 위한 셀프 스케쥴을 제공한다. 간호사들은 4시간, 8시간 또는 12시간 교대로 일을 할 수 있다. 조사결과, ① 베이비붐 세대는 신체적, 정신적 역량을 최대화하므로 짧은 교대제를 선호하고, ② 젊은 세대(밀레니얼 세대 및 X세대)는 개인 및 가족 시간을 더 많이 제공하므로 12시간 교대제를 선호하며, ③ X세대는 독립적으로 일할 수 있고 관심이 적기 때문에 야간 근무를 선호한다는 사실을 알게 되었다. 이를 충족시키기 위해 셀프 스케쥴을 제공하는 것이다.

둘째, 일부 임상 감독관들은 최소 12개월의 고용이 이행될 때까지 다른 부서로의 전근을 제한하는 정책을 시행한다. 이러한 변화는 직원들, 특히 밀레니얼 세대와 X세대에게 의미 있는 일이었다.

셋째, 동부 아이다호 지역 의료 센터는 조직 문화를 혁신하기 위해 다양한 직원 관리의 복잡성을 이해할 수 있도록 임원과 관리자에게 세대통합 주제에 대한 교육을 실시한다. 예를 들어, 임상 감독자와 담당 간호사는 직장에서의 세대 다양성에 대한 교육훈련을 받는다. 그들은 훈련의 일환으로 그 과정에서 배운 것을 개념화하고 실행에 옮기고, 강력한 팀을 만들기 위해 세대간 교육을 이용하는 방법을 파악해야 한다.

넷째, 동부 아이다호 지역 의료 센터의 직원복지패키지 개발을 담당하는 프리미엄 페이(Premium Pay) 위원회 위원들의 세대를 다양화하였다. 기존 구성원의 대부분이 X세대이기 때문에 여러 세대의 직원들과 공통점을 찾는 데 어려움을 겪었다. 그래서 다른 세대의 직원들을 포함하도록 위원회를 개편하였다. 위원들의 첫 번째 임무는 시간 외 근무를 줄이는 것이었다. 서로 다른 코호트를 의식해 위원회는 교대할 수 있는 여분의 교대 프리미엄을 개발했다. 이는 간호부의 시간 외 근무가 25%나 줄어들게 하였다. 직원들은 의사결정에 참여했으며 조직의 요구를 반영할 기회를 높이 평가했다.

다섯째, 2013년에 병원은 의사가 컴퓨터에서 모든 환자 문서와 주문을 완료할 수 있고 종이 차트 사용을 없앨 수 있는 선진 임상 프로젝트(Advanced Clinical project)를 시작했다. 많은 간호사들이 이러한 변화를 두려워했다. 이러한 변화를 돕기 위해, 기술에 정통한 젊은 직원들이 새로운 시스템을 통해 고령 직원들을 위한 마스터 트레이너 역할로 배치되었다. 고령 직원들은 젊은 코호트에 의지해 기술적 숙련도를 높이는 방법을 배웠다.

13.2. 추진결과

세대 간 전략(intergenerational strategies)은 직원 유지율 향상에 기여했다. 간호사 이직률은 2012년 15.7%에서 2013년 13%로 감소했다. 이전에는 일부 부서의 이직률이 33%까지 높았으나, 이제는 이직률이 10% 이상인 부서는 없다.

세대 간 교육 및 개발 프로그램은 다양한 세대의 이해와 관용을 증진하고 협업의 증대에 기여했다. 의료 감독관과 담당 간호사가 세대별로 다양한 팀을 관리할 수 있도록 더 잘 대비했다. 이는 의사결정에 대한 직원의 참여 증가, 환자 만족도 점수 향상 및 부서별 전환 감소에 기여했다.

13.3. 교훈

회사 문화를 바꾸는 일은 하루아침에 이루어지지 않는다. 동부 아이다호 지역 의료 센터의 많은 직원들이 세대 간 개발의 기회를 받아들였지만, 일부는 여전히 배운 것을 실행하는 데 어려움을 겪고 있다.

유연한 근무시간 구현도 병원 업계에서 어려운 일이다. 병원은 의사, 간호사 및 기타 직원들의 유연한 스케줄 요구에 맞추기 어려워 24시간 내내 관리를 해야 하기 때문이다.

14. 미국의 보몬트 헬스 시스템[14]

보몬트 헬스 시스템(Beaumont Health System)은 디트로이트 대도시 지역에 병원과 미시간주 로열 오크, 트로이, 그로스 포인트에 6개의 의료 센터와 4개의 요양 시설을 갖추고 있다.

14.1. 추진내용

보몬트 헬스 시스템은 약 17,000명의 직원을 보유하고 있다. 보몬트 헬스 시스템은 미래의 노동력 부족과 세대 간 다양성을 위한 노동력을 준비하기 위해, 리더와 직원들에게 세대 다양성 교육을 제공하고, 세대별 주제를 통합하는 연례 회의를 개최한다. 또, 직원회의에서의 세대 차이에 대한 열린 대화를 장려하기 위한 전 직원 교육을 실시한다.

첫째, 보몬트 헬스 시스템은 최근 졸업생들이 병원 리더십 역할을 준비하기 위해 설계된 승계계획 전략을 개발했다. 행정 펠로우십 프로그램은 의료 행정, 경영, 공중 보건, 간호 또는 관련 분야에서 석사 학위를 받은 개인에게 개방된다. 이 프로그램은 3가지 요소를 갖고 있다. ① 운영관리 및 리더십에 대한 폭넓은 이해를 촉진하는 로테이션 경험, ② 조직 개선을 위한 특정 프로젝트를 이끌 수 있는 프로젝트 작업, ③ 경영진으로서 동료와 통합하는 리더십 지원이 그것이다.

둘째, 보몬트 헬스 시스템은 2005년에 연례 리더십 수련회를 세대 간 다양성 훈련으로 실시했다. 이 수련회에서는 직원들의 강점을 활용하고 세대 충돌을 방지하며 팀역량을 극대화하여 생산성을 높이는 등 세대별 이해를 높이는 모범 사례를 다루었다.

또한, 보몬트 헬스 시스템은 모든 직원들을 위한 연례 다양성 회의를 주최한다. 2009년 주제는 "의료 인력의 세대별 다양성"이었다. 반나절의 행사는 직원들이 충분히 참여할 수 있도록 외부 장소에서 열렸다.

셋째, 보몬트 헬스 시스템은 모든 연령의 직원들과 직책을 가진 사람들에게 개방되는 "세대 감각(Generation Sensation)"이라고 불리는 과정을 제공한다. 이 교육프로그램은 실제든 인식이든 상관없이 직장에서의 세대 차이를 토론할 수 있는 열린 대화를 위한 안전한 공간을 제공한다. 이것은 개인에게 직장에서 각 세대의 고유한 강점, 차이, 관점 및 해결과제에 대한 더 나은 이해를 제공하며, 커뮤니케이션과 팀워크를 개선시킨다.

넷째, 보몬트 헬스 시스템의 교육 기회를 보완하기 위해 조직의 모든 수준에서 비공식적인 세대관리 관행이 권장된다. 예를 들어, 직원회의 중 직원들은 세대 다양성 과정에 참여하면서 얻은 교훈을 토론하고 다양성 웹 사이트에서 접근 가능한 연설을 중심으로 논의를 한다. 직원 관계 담당자는 직원 및 관리자와 세대자원을 공유하며, 관리자는 오리엔테이션 중에 세대관리 개념을 소개한다.

14.2. 추진결과

행정 펠로우십 프로그램에는 5명의 참가자가 있었고, 2013년 현재 그들 중 3명이 주요 리더 직책을 맡고 있다.

2009년 세대 다양성 회의는 역대 연간 다양성 회의의 참석률 중 가장 높았다. 의사, 조직 리더, 자원봉사자 등 약 300명의 직원이 참여했으며 프로그램과 강연자에 대한 피드백은 압도적으로 긍정적이었다.

소규모 그룹 토론과 '세대 감각(Generation Sensation)' 과정의 대화형 연습을 통해 참가자들은 세대 차이로 인해 발생할 수 있는 잠재적 갈등과 싸우는 데 도움이 되는 전략을 얻었다.

14.3. 교훈

세대 다양성에 대한 관심이 세대별 주제에 대한 조직 전체의 관심을 불러일으켰다. 병원장들은 직원들이 세대 차이를 이해하고 소통능력을 향상시켜 세대 간 업무 관계를 개선하기를 열망한다는 것을 알게 되었다.

15. 미국의 밥티스트 헬스 렉싱턴[15]

밥티스트 헬스 렉싱턴(Baptist Health Lexington)은 켄터키주 렉싱턴에 있는 383개의 병상을 가진 병원이다.

15.1. 추진내용

밥티스트 헬스 렉싱턴은 세대 간 인력의 재능을 활용하기 위해 직원들에게 동료 및 조직 리더와 협업하여 작업환경을 구성할 기회를 제공하는 공유 거버넌스 모델(shared governance model)을 구축했다. 이 모델은 직원들이 환자의 요구를 충족하고 돌봄 전달의 품질과 비용 효과성을 높일 수 있도록 지원한다.

밥티스트 헬스 렉싱턴은 세대 간 노동력을 준비하고 개발하기 위해 리더십 개발 기회를 제공한다. 진화하는 리더 프로그램은 모든 수준의 직원에게 지속적인 전문적 및 개인적 개발 기회를 제공한다.

첫째, 공유지배구조의 일부인 간호리더십위원회(The Nursing Leadership Council)는 간호사로 구성되어 있다. 위원회는 베이비붐 세대 8명, X세대 6명, 밀레니얼 세대 4명(총 18명)으로 세대별로 다양하게 구성되어 있다. 위원회는 환자와 간호 실무에 영향을 미치고 간호 활동 소통의 장이 되는 정책을 결정할 때 권고안을 제시한다. 예를 들어, 2013년 위원회는 환자와 그 가족이 자신의 경험을 말하고 감사를 표현할 기회를 주는 공식 기념식에서 고성과 간호사를 시상하는 프로그램을 신설했다.

둘째, 밥티스트 헬스 렉싱턴은 2003년에 현재와 향후 리더를 개발하기 위해 진화하는 리더 프로그램(the Evolving Leaders Program)을 설계했다. 이 프로그램은 모든 부서 및 분야의 직원에게 개방되며 내부 승진 후보자를 고려할 때 사용되는 하나의 기준이다.

진화하는 리더 프로그램의 조정팀은 조직의 필요성, 전략적 우선순위 및 피드백을 반영하여 프로그램 가이드라인을 설정하고 커리큘럼을 평가한다. 이 팀은 과정을 가르치고 프로그램의 멘토 역할을 하는 사내 주제 전문가를 선발한다. 현재 교수진에는 베이비붐 세대 11명, X세대 8명, 밀레니얼 세대 2명이 참여하고 있다.

그 프로그램은 3단계로 구성되어 있다. 1단계에서는 참가자들이 연내에 일련의 과정을 이수해야 한다. 제공되는 13개 과정은 재정 및 성과 책임, 임상 관리 개선, 조직 문화 및 고객 관계, 인력개발의 4대 요소를 준수한다. 2013년에는 100명의 직원이 1단계에 참여했다. 이 중 35%는 베이비붐 세대였고, 40%는 X세대, 25%는 밀레니얼 세대였다. 2단계는 앞에서 언급한 과정의 보다 엄격한 세트를 포함한다. 3단계는 멘토링 기회를 제공한다. 조정팀은 참가자들의 1년 개발 목표를 달성하는 데 가이드 역할을 하는 멘토와 멘티들을 연결한다. 멘토와 멘티 관계는 새로운 기술을 배우고 연습할 기회를 제공하며 강의실 환경에서 사용할 수 없는 직접적인 피드백을 얻을 기회를 제공한다.

15.2. 추진결과

진화하는 리더 프로그램(the Evolving Leaders Program) 참가자의 약 40%가 베이비붐 세대이고, 30%는 X세대, 30%는 밀레니얼 세대이다. 신임 관리자와 부서장 중 50%가 이 프로그램에 등록했다. 나머지 50%는 리더십 오리엔테이션을 마치고 자신의 역할에 완전히 적응하면 언젠가 이 프로그램에 참여하게 된다.

또한, 진화하는 리더 프로그램은 고도로 훈련된 의욕적인 간호사 리더의 지속적인 공급을 지원한다. 3년 동안 이 프로그램에 참여한 간호사의 75%가 관리직으로 승진했다. 이 병원의 간호사 공석률은 4% 미만이다.

15.3. 교훈

밥티스트 헬스 렉싱턴은 직원들이 공유 거버넌스에 참여할 기회를 높이 평가한다는 것을 알게 되었다. 예를 들어, 간호리더십위원회는 임원 간호사와 협업하여 기준 및 정책을 수립할 수 있었다. 이는 간호 전문 실무모델에 대한 요구사항을 지시하고 병원의 간호 실무를 구체화하는 데 도움을 주었다.

밥티스트 헬스 렉싱턴은 내부 전문가를 활용해 진화하는 리더 프로그램(the Evolving Leaders Program)을 통해 프로그램 비용을 절감하고 조직 지혜의 공유를 촉진하며 조직 문화에 직원을 동화시킬 수 있었다.

진화하는 리더 프로그램 조정 팀의 지속적인 과제는 참가자들이 직접 과정에 참여하기 쉽게 하는 보다 유연하고 역동적인 커리큘럼을 만드는 것이었다. 이 프로그램에 참여하려는 캠퍼스 외부 직원들도 점점 더 많아지고 있다.

또한, 의료 환경이 빠르게 변화함에 따라, 진화하는 리더 프로그램에 헌신하는 멘토와 직원은 자신의 역할과 부서 내에서 업무 요구를 충족시켜야 하는 어려움에 직면하게 된다. 코디네이터는 이들의 기여도를 보여주고 인정하기 위해 멘토나 강사와 감사 오찬을 하기 시작했으며, 시간을 내주는 이들에게 지속적으로 개발 기회를 제공하고 있다.

16. 미국의 애틀랜틱 헬스 시스템[16]

애틀랜틱 헬스 시스템(Atlantic Health System)은 뉴저지에 모리스타운 메디컬 센터(Morristown Medical Center), 오버룩 메디컬 센터(Overlook Medical Center), 뉴튼 메디컬 센터(Newton Medical Center)를 소유해 운영하고 있다. 이 세 병원을 합치면 1,308개의 병상과 2,750명 이상의 산부인과 의사를 보유하고 있다.

16.1. 추진내용

애틀랜틱 헬스 시스템은 세대별로 다양한 인력을 보유하고 있다. 전통세대 약 4%, 베이비붐 세대 46%, X세대 33%, 밀레니엄 세대 17%이다. 50세 이상의 직원이 평균 16년 재직한다. 그래서 애틀랜틱 헬스 시스템에서는 퇴직자 이탈로 인한 조직 지식과 전문지식의 잠재적 손실을 상쇄하기 위해 갭 또는 채우기 분석(gap or fill analysis)을 만들었다. 또한, 세대별 분석 보고서를 다양한 연령층의 이직률로 확대했다. 애틀랜틱 헬스 시스템은 분석 결과를 통해 현재 및 미래 직원을 유지하고 교육하여 향후 인력 수요를 잘 충족시킬 수 있었다.

그리고 애틀랜틱 헬스 시스템은 다음과 같은 세대 간 프로그램을 운영하였다.

첫째, 애틀랜틱 헬스 시스템은 50세 이상 타겟 직원을 대상으로 한 채용 관행을 확립했다. 애틀랜틱 헬스 시스템은 직장인을 위한 클럽, 단체, 행사 등을 대상으로 모집을 하고, 50인 이상 인구 중심의 각종 매체에 일자리를 게시하며, 퇴직자를 대상으로 한 직원 추천을 활용한다.

둘째, 애틀랜틱 헬스 시스템은 50세 이상의 직원을 지원하기 위해 천장 트랙 리프트를 설치했다. 47개 부서에 걸쳐 환자의 위치를 바꾸고 환자를 이송하는 데 사용되는 286개의 천장 트랙 리프트를 설치했다. 천장 트랙 리프트는 이러한 환자의 스트레스와 부담을 줄이는 데 도움이 되었다.

애틀랜틱 헬스 시스템은 창업가정인 밀레니얼 세대와 아이를 부양하는 베이비부머를 지원하기 위해 직원들의 자녀와 손자녀를 대상으로 현장 보육센터와 유아교육을 실시하고 있다. 보육센터(Morristown and Outlook Medical Center)는 National Association for the Young Children의 인증을 받았으며 연간 예산은 26만 달러이다. 2개의 센터에 2013년에 250여 명의 어린이들이 등록하였다.

애틀랜틱 헬스 시스템은 직원들이 고령의 친척들을 돌보는 것을 돕기 위해 노인 돌봄을 제공하고 있다. 이 서비스는 직원들이 간병인을 찾고 요양원, 주거 및 보조 생활시설에 대한 자원을 얻을 수 있도록 돕는다. 또한, 노인 요양프로그램은 직원들이 의료돌봄, 응급대응, 교통, 식사프로그램, 성인일 프로그램 및 가정 건강 지원서비스를 이용할 수 있도록 도와준다.

셋째, 애틀랜틱 헬스 시스템은 50세 이상 직원들의 경험과 전문지식을 지속적으로 활용하기 위해 1,000시간 클럽을 설립했다. 이 프로그램은 퇴직자가 퇴직급여를 받기 시작한 지 3개월이 지나면 아르바이트와 일당 근로로 복귀할 수 있도록 했다.

넷째, 애틀랜틱 헬스 시스템은 고령의 직원에게 자신의 지식과 경험을 젊은 직원과 공유하고 일할 수 있는 멘토십 프로그램을 구축하여 세대 간 파트너십을 육성하였다. 또한, 직원들은 새로운 경험을 쌓기 위해 부서별로 임시 배정을 받고 팀 프로젝트와 공식적인 직무순환 프로그램에 참여한다.

애틀랜틱 헬스 시스템은 조직 전체의 학습 커뮤니티에 경험이 풍부한 직원과 각 분야 전문가가 업무 프레젠테이션을 제공하는 사내 교수진 아카데미를 제공한다. 강사 중 70%는 50세 이상이다.

16.2. 추진결과

포춘지는 애틀랜틱 헬스 시스템을 2013년 가장 일하기 좋은 100대 기업 중 하나로 선정하였다. 미국퇴직자협회(AARP)는 2016년부터 매년 애틀랜틱 헬스 시스템을 고령 직원들을 끌어들이고 유지하기 위해 고안된 진보적인 직장 정책과 관행을 가진 최고의 고용주 중 하나로 선정해 왔다. 2012년에 애틀랜틱 헬스 시스템은 50세 이상 근로자 254명을 고용했다.

애틀랜틱 헬스 시스템의 천장 트랙 리프트는 고령 의료진의 경력 연장에 도움을 주었다. 이 시스템이 설치된 이후 부상이 줄어 33개 부서 1,000여 명의 직원 삶의 질이 향상됐다. 거의 320개의 천장 트랙 리프트가 설치되면서, 손실된 근무일과 관련 비용을 40%~60% 절감했다.

거의 180명의 직원들이 현장보육센터(Morristown and Outlook Medical Centers)를 이용하고 있다. 2013년 연간 부모 만족도 조사에서 응답자의 100%가 이 프로그램에 대해 "만족한다"거나 "매우 만족한다"라고 답했다.

애틀랜틱 헬스 시스템은 50세 이상 직원들의 경험과 전문성을 성공적으로 유지했다. 2012년과 2013년 사이에 1,000 시간 클럽은 애틀랜틱 헬스 시스템의 재고용을 16% 증가시켰다.

112쌍의 직원들이 멘토링 프로그램에 처음 참여하였다. 멘티들이 제출한 분기별 보고서는 프로그램 참여에 대한 전반적으로 만족함을 보여주었다.

16.3. 교훈

애틀랜틱 헬스 시스템 리더들의 결단은 이러한 프로그램들의 성공을 위한 열쇠였다. 모리스타운 의료 센터 ICU 유닛의 천장 트랙 리프트 4대와 의료 시스템 전체 5개 간호 유닛의 이동식 플로어 리프트 5대가 설치되었다. 이는 직원들 사이의 부상률과 관련된 비용을 감소시키는 데 크게 기여했다.

애틀랜틱 헬스 시스템의 이러한 프로그램의 또 다른 성공요소는 직원들의 열정이다. 직원들은 그들에게 주어진 기회를 최대한 활용한다. 결과는 프로그램에 대한 높은 참여도로 나타났다.

17. 싱가포르의 데어리 팜[17]

17.1. 배경

데어리 팜(Dairy Farm)은 싱가포르에서 가장 큰 소매업체 중 하나로 110년 전 콜드스토리지 슈퍼마켓이 설립되면서 창립되었다. 싱가포르 데어리 팜은 상장기업인 데어리 팜 인터내셔널(Dairy Farm International)에 속해 있으며, 슈퍼마켓, 건강미용점, 편의점, 가정용 가구점, 레스토랑 등 유명 소매업을 운영하고 있다. 850개 점포에 약 10,100명의 직원(프랜차이즈 2,000명 포함)을 보유하고 있다.

지난 한 세기 동안, 데어리 팜은 싱가포르 소매 시장과 소비자의 라이프스타일을 형성하는 데 중요한 역할을 해왔다.

17.2. 다세대 노동력

데어리 팜 싱가포르는 항상 연령 친화적인 조직이었다. 그룹 내 약 1만 100명(가맹점 포함)의 정규직과 시간제 근로자가 있다. 모집 활동 시 모든 연령별 근로자를 적극 채용하고 있다. 전체 직원의 27%가 40~54세, 7.5%가 55~61세, 6.6%가 62세 이상이다.

모든 중심가 상점들은 가족 헌신을 위해 유연근무제(flexi hour)로 일하는 주부들의 인력풀을 가지고 있다. 또, 데어리 팜 싱가포르는 정년이 된 노동자들의 재취업을 강력히 지지한다. 수년 동안 그들의 임무를 수행할 수 있고 계속 일하고 싶어 하는 모든 직원들에게 재취업 기회를 제공했다. 회사는 또한 직무 범위가 축소되지 않는 한 재취업 제안자의 급여를 삭감하지 않았다.

데어리 팜은 다세대 노동력을 갖추고 있을 뿐만 아니라 기술발전을 따라 성숙한 노동자들에게 끊임없이 창의적인 작업과정을 제공하였다.

그리하여 기술진보에 따라 다양한 시설들이 설치되었다. 즉, ① 전자 광고판(광고의 물리적 설치를 최소화), ② 자동 보충(수동 보충 순서 감소)시설, ③ 무선 주파수 수신(수동 확인 및 오류 감소), ④ 매장에서 가격표 인쇄(효율성 향상 및 오류 감소), ⑤ 단순화된 POS(Point-of-Sales) 체크아웃 프로세스(업무부담 감소)

또한, 직원들은 제품 및 서비스 역량을 향상시키는 WSQ(Workforce Skills Qualification) 교육도 받는다. 그래서 그들은 고객들에게 더 나은 서비스를 제공할 수 있다.

17.3. 다세대 노동력의 이점

연령 친화적인 조직으로서 데어리 팜은 중장년 근로자들이 그들의 노동력의 중요한 부분이라고 굳게 믿어왔다. 그들은 신입사원을 지도하고 충성 고객을 만족시키는 데 있어 경험이 있으며 지식과 기술을 보유하고 있다. 그들은 그 조직의 사업 성공의 밑거름으로 인정받고 있다.

중장년 근로자에 대한 회사의 경험은 긍정적이었다. 그들은 책임감 있고 헌신적일 뿐만 아니라, 종종 직장에서 시간을 잘 지키며 질병에 잘 걸리지 않는다. 젊은 직원들만큼 신체적으로 민첩하고 빠르지 않지만, 그들의 경험과 세세한 부분까지 신경을 쓰기 때문에 그들은 종종 양질의 일과 서비스를 제공한다. 그것들이 바로 데어리 팜의 고객들이 그곳에서 계속 쇼핑을 하는 이유이다. 중장년 근로자들은 그들의 지식과 기술을 다음 세대에게 아낌없이 계속 전달하기 때문에 정말로 귀중하다.

18. 일본의 라이프넷생명보험[18]

라이프넷생명보험회사(ライフネット生命保険株式会社)는 2006년 설립 시기부터 자유로운 근로 방식을 실행함으로써 새로운 혁신 창출과 사업 확대를 실현하고자 하였다. 그리하여 2017 다이버시티 경영 기업에 선정되었다.

이 회사는 학력, 연령, 국적과 관계없이 인재를 채용하는 방침을 내걸고 있으며, 일률적인 정년을 정하지 않았다. 기업에서 고령자를 의식하지 않고, 고령 직원도 고령자라는 인식 없이 조직의 일원으로 근무하고 있다.

2016년도부터 멘토링 제도를 도입하였다. 모든 젊은 직원에게 선배를 멘토로 매칭하여 고민 상담 등 멘탈 케어, 경력 향상을 지원하고 있다. 또한, 역멘토링 제도를 도입하여 부사장 등의 임직원이 젊은 직원과 월 1회 점심식사를 하고, 최신 IT 지식 등을 습득할 기회도 갖는다.

관리직은 매월 부하직원과의 1대 1 면담을 반드시 실시하도록 하는데, 이는 적시 피드백을 가능하게 하여 상호 이해를 높이고 업무에 있어 개인의 성장을 촉진하는 장치가 되고 있다.

이와 같은 시책의 결과, 직원들의 회사, 상사, 일, 직장에 대한 만족도가 종합적으로 향상되었다.

19. 일본의 히다카 공업 주식회사[19]

히다카 공업 주식회사(日高工業株式会社)는 금속 열처리 가공 업체로, 작업공정의 세분화 및 직장환경의 개선으로 시니어 직원의 기술력 승계 및 다양한 인재의 적재적소에서 전력화에 성공하였으며, 2019년 다이버시티 경영 기업에 선정되었다.

이 회사는 60세 이상의 직원을 촉탁 직원으로 계속 고용하고 있으며, 기술력이 높은 시니어 직원이 무리 없이 근무할 수 있도록 작업 위치의 재검토, 더위 대책 등 일하기 좋은 환경 정비를 하였다. 이러한 작업환경 개선에 의해 인재의 적정배치가 가능해졌고 신체적인 부담이 경감되어 오랫동안 안전하게 일할 수 있게 되었으며, 업무 숙달이 용이해지고 채용 대상을 넓힐 수 있게 되었다.

시니어 직원이 무리 없이 근무할 수 있는 환경에서 경험이 풍부한 시니어 직원이 사내의 젊은 층 지도에 주력할 수 있게 되었다. 시니어 직원들이 매일 아침과 점심시간에 직장 내 순회 지도를 실시하기도 하고, 주말 등을 이용해 사내에서 실기 강습을 실시하여 젊은 직원의 능력개발을 도왔다.

관리직을 맡은 시니어 직원은 고객과의 협의 시에 어드바이저로서 동석하는 등 영업적인 면에서도 지원함으로써 비즈니스 스킬의 전승이 이루어지고 있다.

제7장

성공적 세대 다양성 사업장 구축을 위한 6가지 원칙

많은 전문가들이 세대 다양성 사업장들의 사례를 연구하여 그들의 성공 요인을 찾아냈다. 그중에는 성공 요인을 수칙으로 명칭화하기도 하였다. 론 젬케 외(Ron Zemke et. al., 2000)는 다세대 작업장을 성공적으로 관리하기 위한 5가지 원칙으로 ACRON 수칙(The ACRON Imperatives)을 제시하였다.[1]

본서에서는 많은 전문가들의 연구결과를 토대로 6가지로 요약하였다.

1. 제1원칙 세대 간의 차이를 존중하라.

1.1. 세대 간 차이와 편견

세대 간에는 기질이 다르고, 커뮤니케이션 스타일과 동기부여와 직업관도 다르다.

〈표 7-1〉 세대 간 차이

구분	전통주의 세대	베이비붐 세대	X 세대	밀레니얼 세대	Z 세대
기질	믿을 수 있고, 솔직하고, 재치 있고, 충성스러운	낙관적, 경쟁력, 일중독, 팀 지향	유연성, 비공식성, 회의적, 독립성	경쟁력, 시민 의식, 다양성에 대한 개방적인 생각, 성과 지향적	글로벌, 기업가적, 진보적, 집중력 저하
영향 사건	대공황, 제2차 세계대전, 라디오와 영화	베트남 전쟁, 민권 운동, 워터게이트 사건	에이즈 유행, 베를린 장벽 붕괴, 닷컴 붐	콜롬바인 총기 난사, 9/11테러, 인터넷	9/11 이후의 삶, 어린 시절부터 기술에 대한 접근
동기부여	존중, 인정, 회사에 장기적인 가치 제공	회사 충성도, 팀워크, 의무	다양성, 일과 삶의 균형, 회사의 이익보다는 개인 · 전문가의 이익	책임감, 관리자의 자질, 독특한 업무 경험	다양성, 개인화, 개성, 창의성
커뮤니케이션 스타일	개인적인 터치, 친필메모	전화 통화와 대면 등	전화 통화와 대면 등	IM, 텍스트 및 전자 메일	IM, 텍스트, 소셜 미디어
직업관	개인주의에 대한 복종, 연공서열	대가를 지불해야 성취, 성공을 위해 희생	다양성 선호, 고용주가 요구사항을 충족하지 못할 경우 신속하게 진행, 개인 생활에 영향을 미칠 경우 직장 내 변화에 저항	도전, 성장 및 개발 추구, 즐거운 직장생활 및 일과 삶의 균형, 변화를 좋아하지 않으면 조직을 떠날 가능성이 높음	디지털 기기 중독자로 스스로 인식, 독립성과 개성을 중시, 밀레니얼 매니저, 혁신적인 동료, 신기술과 함께 일하는 것을 선호
사업주 할 일	만족스러운 일과 기여할 기회를 제공하고 안정성을 강조	구체적인 목표와 마감일을 제시하고, 멘토 역할에 투입하고, 코칭 스타일의 피드백을 제공	즉각적인 피드백을 제공하고, 유연한 업무 배치와 일과 삶의 균형을 제공하며, 개인 개발 기회를 확대	개인적으로 그들을 알고, 결과에 따라 관리하고, 그들의 스케줄과 업무 과제에 유연하게 대처하고, 즉각적인 피드백을 제공	여러 프로젝트를 동시에 수행할 기회를 제공하고 일과 삶의 균형을 제공하며, 자기 주도적이고 독립적일 수 있도록 해야 함

자료 : Perdue Uni.(2021).

그런데, 차이와 편견은 구분되어야 한다. 차이는 존중하되 편견은 갖지 말아야 한다. 우리는 각 세대에 대하여 편견을 가질 수 있다. 기성세대는 융통성이 없고 기술습득에 대한 두려움을 갖고 있으며, 신세대는 개인적이고 직업윤리가 낮다고 말하는 사람들도 있다.

〈표 7-2〉 세대별 편견

전통주의세대	베이비부머	X세대	Y세대	Z세대
-시대에 뒤떨어짐 -엄격함 -변화/위험 회피적	-자기중심적 -비현실적 -일 중독자	-이기적 -게으름 -시니컬	-짧은 주의지속시간 -버릇없고 무례 -기술 의존적	-기술 의존적

이러한 부정적 고정관념은 부정적인 직업 태도, 나쁜 정신건강, 이직 의사 촉진 등을 초래할 수 있다. 특히 고위간부일수록 부정적 세대 편향 비율이 높게 나타나고 있다(Manhz, 2007).

세대 간 편견을 극복하고 세대 간 차이를 존중할 때 세대 간 협력이 증가하고 조직성과를 높일 수 있다.

1.2. 세대 간 일/여가/학습 패러다임 변화

나이가 일과 관련이 있다고 생각하는 데는 적어도 네 가지가 있다. 즉, 연대기적 나이, 세대, 인생과정, 그리고 경력단계이다.

과거에는 〈그림 7-1〉에서 보는 바와 같이 대부분의 사람들 간의 나이(그리고 그들이 속한 세대), 인생 이벤트(예: 엄마가 첫 아이를 출산했을 때의 평균 나이) 및 경력단계 사이에 일치성이 매우 높았다.

오늘날에는 연대기적 나이, 세대, 인생 이벤트, 그리고 경력단계 사이의 관계가 사람마다 다양하게 나타난다. 예를 들어, 직장생활을 시작하는 나이는 각급 학교를 졸업한 직후였던 과거와는 달리 매우 다양하게 나타난다.

〈그림 7–1〉 전통적인 세대, 인생 코스와 경력단계 간의 관계

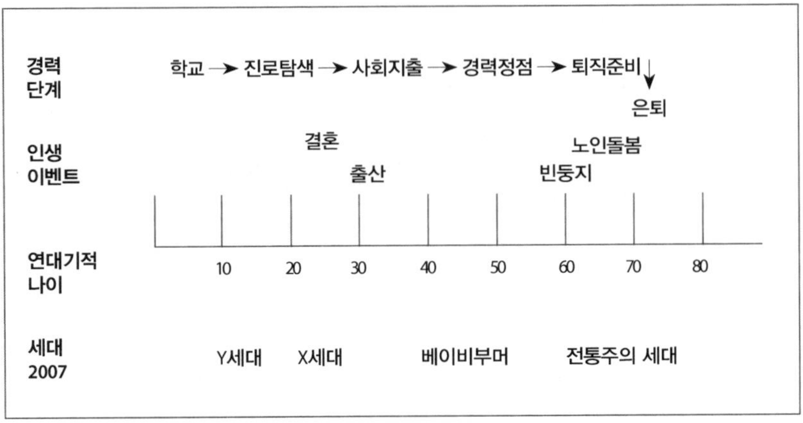

경력 단계: 학교 → 진로탐색 → 사회지출 → 경력정점 → 퇴직준비 ↓ 은퇴

인생 이벤트: 결혼, 출산, 빈둥지, 노인돌봄

연대기적 나이: 10, 20, 30, 40, 50, 60, 70, 80

세대 2007: Y세대, X세대, 베이비부머, 전통주의 세대

자료 : Marcie Pitt–Catsouphes and Michael A. Smyer(2009).

이를 일과 여가 및 학습으로 변형시키면 〈그림 7-2〉의 단일형 모델(single model)이 된다. 20대 초반까지는 학교생활을 하고 졸업하면 바로 60대 중후

〈그림 7–2〉 단일형 모델

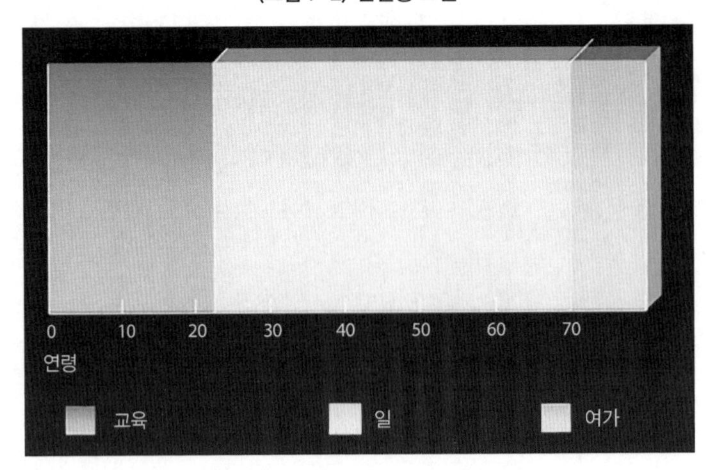

반까지 직장생활을 하며 은퇴 후에는 여가만 즐긴다. 기성세대들의 인생 코스 주류 유형이었다.

신세대들은 점차 단일형 유형에서 벗어나 자신의 패턴으로 일과 학습 및 여가를 조합하는 형태로 바꾸어 간다. 〈그림 7-3〉의 순환형 모델(cyclic model)이나 〈그림 7-4〉의 혼합형 모델(blended model)이 일반화되어 가고 있다.

〈그림 7-3〉 순환형 모델

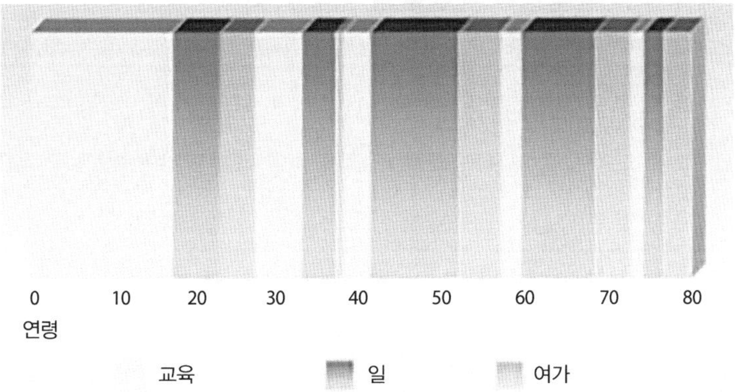

〈그림 7-4〉 혼합형 모델

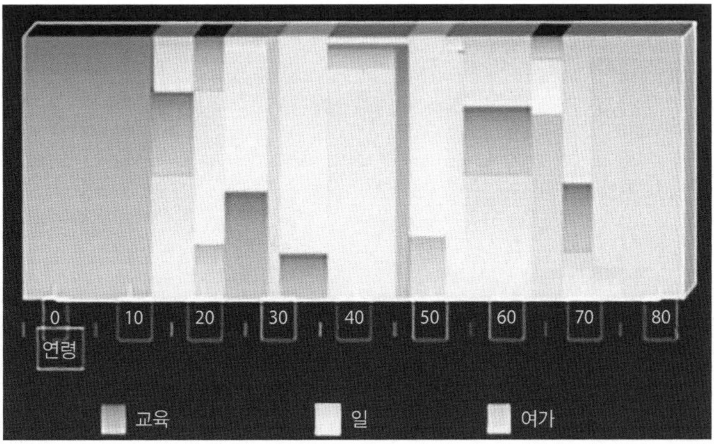

기성세대는 대부분 단일형에 가까웠으나 신세대는 순환형이나 혼합형에 가깝다. 고용주들은 기성세대가 나이에 따라 어떤 삶의 단계나 경력단계를 가고 있는지 예측할 수 있었으나 신세대에게는 그렇게 하기 어렵다.

1.3. 골든 룰(The Golden Rules)과 티타늄 룰(The Titanium Rules)

레인즈(Raines)와 유잉(Ewing)은 "연결의 기술(The Art of Connecting)"이라는 책에서 다른 사람들과 연결을 추구할 때 '티타늄 룰(The Titanium Rules)'을 활용하기를 권장한다.

우리가 다른 사람들과 연결되기를 원할 때, 우리는 그간 '황금의 룰(The Golden Rules)'로 알려진 것을 실행하기도 하였다. 이것은 "당신이 다른 사람들에게 원하는 것을 당신이 그들에게 행하라"라는 것을 의미한다. 이것은 다른 사람들이 당신과 선호가 같을 때 효과가 있다. 그런데 당신과 그들이 선호가 다르다면 우리는 어떻게 해야 할까?

레인스와 유잉은 바로 티타늄 룰을 제안했다. 이것은 "다른 사람들이 당신에게 원하는 것을 당신이 그들에게 행하라"라는 뜻이다.

세대 간에는 '골든 룰'이 아니라 '티타늄 룰'이 필요하다.

2. 제2원칙 세대를 초월하는 커뮤니케이션 스킬을 만들어라.

2.1. 세대별 커뮤니케이션 수단과 방법

세대별로 선호하는 커뮤니케이션 수단과 방법이 다르다. 전통주의 세대는 메모와 편지 등 사적 상호교류를 선호하고, 베이비부머는 면대면이나 전화 등 구조화된 네트워크를 선호한다. X세대는 보이스 메일이나 이메일 등을 선호하고 밀레니얼 세대는 블로그, 디지털 메시지 등을 선호하며 Z세대는 인스타, 텔레그램, 틱톡 등을 선호한다.

〈그림 7-5〉 세대별 커뮤니케이션 수단

이미 살펴본 바와 같이 세대별로 선호하는 커뮤니케이션 방법이 다르기 때문에, 이를 적극 고려해야 한다.

전통주의 세대에게는 문법에 맞는 단어와 어조로 말씨를 명료하게 구사해야 한다. 베이비붐 세대에게는 격식을 차리지 말고 참여형 대화를 하는 것이 좋다. X세대에게는 시간을 낭비하지 않게 직설적(원하는 시기와 항목 및 서비스 방법 등)으로 명확히 전달해야 한다. 밀레니얼 세대에게는 개인 목표와 조직의 목표를 연결시켜서 커뮤니케이션하되, 거들먹거리지 말고 냉소와 빈정거림을 피해야 한다.

2.2. 커뮤니케이션 유형

Merrill and Reid에 의하면 커뮤니케이션 유형은 커뮤니케이션에 대한 주장성(assertiveness)과 반응성(responsiveness)에 차이로 구분할 수 있다. 이 두 가지 중요한 변수를 그림으로 표시하면 다음과 같이 사분면을 분석적(Analytical), 추진적(Driver), 우호적(Amiable), 표현적(Expressive)이라는 4가지 유형으로 그릴 수 있다(Hartman & McCambridge, 2011).

〈그림 7-6〉 커뮤니케이션의 유형

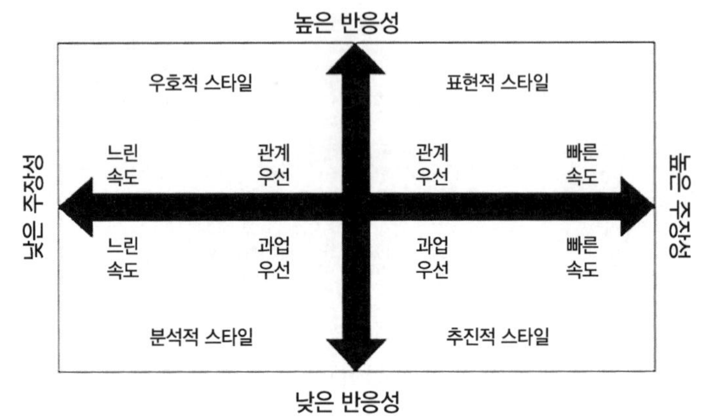

자료 : Hartman & McCambridge, 2011

(1) 표현적 스타일 - 높은 주장성과 높은 반응성(빠른 커뮤니케이션 속도, 관계 우선순위)이 특징이다. 표현적 스타일은 동맹을 만들기 위해 "어떻게"를 질문한다(예: 주어진 시간 내에 목표를 달성하기 위해 어떻게 다른 사람들과 협력할 수 있습니까?).

(2) 추진적 스타일 - 높은 주장성과 낮은 반응성(빠른 의사소통 속도, 과업 우선순위)이 특징이다. 추진적 스타일은 작업결과를 얻기 위해 "무엇"을 질문한다(예: 계획의 목적이 무엇입니까?).

(3) 우호적 스타일 - 낮은 주장성과 높은 반응성(느린 의사소통 속도, 관계 우선순위)이 특징이다. 우호적 스타일은 계획을 세우고 협력할 때 "누구"를 고려했는지, 그들의 견해는 무엇인지 등을 확인한다.

(4) 분석적 스타일 - 낮은 주장성과 낮은 반응성(느린 의사소통 속도, 과업 우선순위)이 특징이다. 분석적 스타일은 시스템 내에서 작동하기 위해 "왜"

를 질문한다. 우유부단하고 비인간적이며, 의사소통이 잘되지 않는다 (예: 왜 이런 식으로 하지 않고 그런 식으로 하는가?).

미국 남부 캘리포니아 밀레니얼 세대 271명 대상의 연구(Edward R. De La Torre, 2016)결과를 보면, 밀레니얼 세대는 우호적 스타일과 추진적 스타일로 나타났다. 말레이시아 대학생들(Humaira Raslie & Su-Hie Ting, 2020)과 태국 대학생(Sriprom, C.et. al., 2019)들을 대상으로 하는 연구결과를 보면, Y세대와 Z세대 응답자들은 우호적 커뮤니케이션 스타일을 가지고 있다(Humaira Raslie & Su-Hie Ting, 2020). 즉, 그들은 적극적이지 않고 더 반응적이며, 과업지향보다 관계지향을 우선시한다. 또 과업 완료 속도는 느리다. 이들이 순응하고 협력하려는 성향은 갈등을 감당하지 못할 수 있다는 것을 의미한다. 그들은 관계지향적이기 때문에 혼자 일하고 결정을 내리는 데 어려움을 겪는다. Y세대와 Z세대는 상사의 잦은 피드백을 좋아할 수 있지만(Campier, 2019; Stewart et al., 2017), 비판은 잘 받아들이지 않을 수 있다.

베이비부머와 X세대에 대한 연구는 아직 없다.

〈표 7-3〉은 커뮤니케이션 스타일에 맞게 상호 조정할 수 있는 몇 가지 추가 전략이다. 상대방의 스타일을 알고 나면 상호작용과 의사소통을 조정하여 관계를 강화할 수 있다.

〈표 7-3〉 커뮤니케이션 스타일별 행동 양식

구분	추진적	표현적	우호적	분석적
추진적	- 동료 지위를 유지하라. - 리더십의 책임을 공유하라.	- 좀 더 일반적인 관점으로 초점을 옮기라. - 격식을 덜 차리라.	- 속도를 늦추라. - 관계에 더 집중하라.	- 목표와 관련하여 몇 가지 세부 사항에 집중하라.

구분	추진적	표현적	우호적	분석적
표현적	– 일반적인 것을 줄이고 목표를 향해 초점을 더 많이 이동하라. – 좀 덜 캐주얼하게 하라.	– 더 많이 듣고, 메모하라. – 서로 입씨름을 하지 마라.	– 속도를 늦추라. – 관계에 더 집중하라.	– 목표와 관련하여 몇 가지 세부 사항에 집중하라.
우호적	– 목표를 향해 초점을 더 많이 이동하라. – 일반적인 사항을 줄이라.	– 속도를 높이라. – 관계에 집중하지 말아라.	– 인기도와 네트워킹보다는 당면한 문제에 더 집중하라.	– 관계보다는 세부 사항에 더 집중하라.
분석적	– 속도를 높이라. – 세부 사항에 집중하지 말고 목표에 더 집중하라.	– 세부 사항에 조금만 집중하라. – 인과 관계를 조금 더 맺으라.	– 관계에 조금 더 집중하라. – 좀 더 캐주얼하게 하라.	– 아이디어를 좀 더 객관적으로 보도록 노력하라. – 둘 다 옳다고 해라.

2.3. 근본적 귀속오류와 역할 전환

다음 그림의 제목은 '나의 아내와 어머니'다. 영국 만화가 윌리엄 엘리 힐이 1915년 미국의 한 유머 잡지에 게재한 것이다. 어떤 사람은 젊은 여성이, 어떤 사람은 노인의 모습이 먼저 보인다.

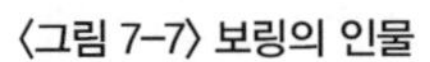
〈그림 7-7〉 보링의 인물

1930년 미국의 심리학자 에드윈 보링(Edwin Boring)이 발표한 논문에서 이 그림을 소개하면서 유명해지기 시작했다. 때문에 일명 '보링의 인물'(Boring Figure)이라 부르기도 한다.

오스트레일리아 플린더스대 심리학자들이 이 그림의 착시 현상을 놓고 실험한 결과, 처음에 어떤 여성으로 보이는지는 관찰자의 나이와 관련이 있는 것으로 나타났다. 연구진은 18~68세의 393명(남자 242명, 여자 141명)에게 이 그림을 0.5초 동안 보여준 뒤 그림 속 인물의 나이와 성별을 물어봤다. 상위 10%의 고령자와 하위 10%의 젊은이를 따로 떼어내 응답 결과를 들여다보았다. 그러자 흥미로운 내용이 드러났다. 30세가 넘는 참가자들의 눈에는 늙은 여성의 모습이, 30세 이하 참가자들의 눈에는 젊은 여성의 모습이 먼저 보이는 경향이 있었다.

사업장 내에서 각 세대는 다른 세대이어도 어떠한 일에 대하여 자신의 세대와 같은 방식으로 반응할 것이라고 가정할 수 있다. 심리학에서는 이러한 오류를 근본적 귀속 오류(Fundamental Attribution Error)라고 부른다.

세대 간에는 상대의 입장에서 역지사지의 마음으로 바라볼 수 있도록 돕는 것이 필요하다. 그것이 바로 역할 전환이다.

3. 제3원칙 세대별 니즈를 충족시킬 다양한 옵션을 제공하라.

3.1. 세대별 워라벨 스펙트럼

일과 삶의 적절한 균형을 찾는 것은 모든 직장인들이 직면하는 큰 도전이다. 가족들은 특히 영향을 받는다. 일, 가족 약속, 그리고 개인 생활을 성공적으로 결합하는 능력은 한 가정의 모든 구성원의 행복을 위해 중요하다.

개인이 일과 삶의 균형에 대해 갖는 관점은 일과 삶의 연속적 스펙트럼에서 3가지 유형이 있다. 즉, 분리적 관점(Compartmentalized Perspective), 중첩적 관점(Overlapping Perspective), 포괄적 관점 (Encompassing Perspective)이다.[2]

〈그림 7-8〉 워라벨 스펙트럼 유형

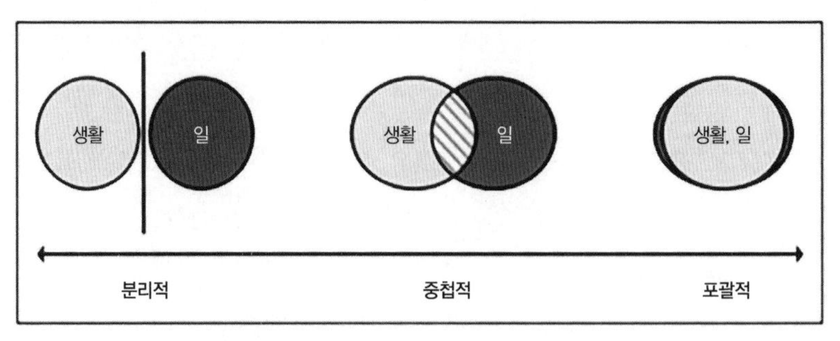

자료 : Suprateek Sarkeret. al.(2012)

분리적 관점(Compartmentalized Perspective)을 가진 사람들은 일과 생활의 완전한 분리를 선호하며, 개인적인 삶이 1차적이고 일을 2차적으로 보는 경향이 있다. 그들 중 대부분은 일을 일정 부분 희생한 대가로 개인적인 열망, 특정한 삶의 스타일, 그리고 취미를 지지할 수 있는 수단을 갖고 있다. 이러한 관점은 중요한 가족 책임이 있는 개인(예, 특히 어린 자녀를 둔 여성)에게서 나타날 가능성이 더 크다.

중첩적 관점(Overlapping Perspective)을 가진 사람들은 일과 삶 두 영역이 물리적, 시간적으로는 경계를 가질 수 있지만, 감정적, 행동적으로는 중첩이 되어서 중첩된 영역에서 상호 영향을 미친다.[3] 이러한 관점은 일과 개인 삶의 분리가 실현 가능하지도 않고 바람직하지도 않다고 생각한다. 이러한 관점을 가진 사람들은 일을 성취감 있는 삶의 필수적인 측면으로 본다. 하지만, 그들은 일에 완전히 사로잡히는 것을 피하거나 그들의 인생 목표를 송두리째 빼앗기는 것을 막기 위해 일의 중요성을 제한하기를 열망한다.

이러한 관점을 가진 사람들은 대부분 '관용의 영역'을 갖고 있다. 정상적인 업무시간을 넘어 개인 생활을 침해할 수 있는 일정한 허용시간을 갖고 있다. 허용시간은 업무 성격과 시급성, 개인의 동기(예: 재정적 또는 직업적 포부) 및 삶의 단계와 같은 요소에 따라 탄력적이다.

포괄적 관점(Encompassing Perspective)을 가진 사람들은 개인의 삶 전체가 그의 일의 영역 안에 완전히 포함되어 있어서 일과 개인 삶의 경계가 없다. 이들 중 대다수는 개인 생활보다 일을 우선시한다. 어떤 의미에서 그들은 일하기 위해 사는 개인으로 분류될 수 있다. 경쟁이 치열한 회사에서 이제 막 경력을 시작한 개인들에게서 이러한 관점이 나타날 가능성이 더 크다.

일과 삶의 균형에 대처하는 전략으로는 보상전략, 협상 전략, 통합전략, 보호 전략이 있다〈표 7-4〉. 〈표 7-5〉에는 일/생활 관계에 대한 다른 관점을 가진 개인들에게 네 가지 전략이 갖는 관련성 수준을 표시했다.[4]

〈표 7-4〉 4가지 전략

전략유형	내용
보상전략	직원들의 개인적 삶의 영역을 넘어서는 제한된 양의 일을 허용하는 데 대해 공정한 교환의 대가를 지불하는 전략
협상전략	상담과 참여를 통해 ① 직원들이 성공적으로 달성하도록 동기부여가 되는 직무의 수요, ② 그들의 개인적 삶의 요구를 조화를 시키는 전략
통합전략	직원들이 모든 시간에 일과 개인적 삶 영역 간에 균일하게 움직일 수 있게 하는 전략
보호전략	일을 효과적이고 효율적으로 달성하기 위한 명령으로서 일과 삶을 통합시키고 동료와 부하의 삶의 방식을 강요하는 동료나 관리자들로부터 직원들을 분리시키는 전략

〈표 7-5〉 일과 삶의 관계에 대한 관점과 대응전략의 매칭

구분	보상전략	협상전략	통합전략	보호전략
일은 삶과 분리	H	H	L	H
일은 삶의 일부	M	H	M	H
일과 삶에 포함	M	M	H	M

주 : H : 높은 관련성, M : 중간 관련성, L : 낮은 관련성

이처럼 워라밸 문제에 대한 보편적인 해결책은 없다. 개인들은 각기 다른 워라벨 선호도를 보인 동료들과 함께 일해야 한다. 그들 간에 상호작용이 일어난다. 일과 삶의 균형에 대한 관점이 다른 사람들 간에는 마찰을 일으킬 수 있다. 반면에, 관점이 같은 사람들 간에는 시너지 효과를 일으킬 수 있다.

세대별로 일과 삶의 균형에 대한 관점이 다르다. 그에 따라 취해야 하는 기업의 대응전략도 달라져야 한다.

3.2. 다양한 워라벨 옵션

HR 관점에서는 세대별로 다양한 니즈를 반영하기 위해 유연근무제와 복지 유연화(카페테리아제 포함)가 필수적이라 할 수 있다.

유연근무제(Flexible work arrangements)에는 3가지 유형이 있다.

〈표 7-6〉 유연근무제 유형

유형	명칭	내용
근무방식 유연화 (Flexibility in scheduling)	유연근로제 (Flexitime)	유연근로제는 조직의 필요에 따라 다양한 방식으로 운영될 수 있다. 고객수요에 대한 의존도가 낮은 조직에서는 직원이 작업을 시작하고 종료할 시기를 선택할 수 있다. 또한, 직원들이 조직 내에서 근무해야 하는 핵심시간을 정하고 나머지 시간은 선택적으로 근무할 수도 있다.
	잡셰어링 (Job sharing)	하나의 정규직 일자리를 두 명 이상의 시간제 직원들이 나누는 작업 방식이다. 파트너가 중요하며, 직원들 간 업무를 균등하게 배분하는 것이 중요하다.
	압축 근무주 (Compressed workweeks)	압축 근무 주는 근무 일수를 줄이기 위해 1주일 내 근무시간을 불균등하게 분배하는 것을 말한다. 예를 들어, 10시간씩 4일을 일하고 매주 추가휴가를 갖거나, 2주간 9일 근무를 하고 1달에 2일의 휴가를 쓸 수 있다. 두 경우 모두 추가시간 또는 초과근무시간을 계산해야 한다.
	교대제 (Shift work)	동일한 직무를 2개 조 이상이 교대로 근무하는 유형이다. 각 조는 아침, 오후, 야간 교대 조로 근무시간을 정기적으로 변경한다.

유형	명칭	내용
근무시간 유연화 (Flexibility in time)	근로시간 저축계좌제 (Working Hours Bank System)	근로시간 계좌제는 근로자와 사용자가 근로시간을 협의하는 방식이다. 업무량이 많을 때 초과근무를 통해 초과시간을 저축해두고, 일이 적을 때 휴가 등으로 소진하는 제도다.
	임시근무 Casual work (zero-hour contract)	임시근무는 특정 프로젝트를 완료하는 것 외에 정해진 요구사항이 없는 회사에서 임시적이고 유연한 직책이다. 임시 고용은 정해진 근무시간이나 정기적인 급여 기간이 없다는 점에서 전통적인 정규직 고용과 다르다. 영국에서는 주로 제로 아우어 계약으로 쓰인다. 제로(0) 시간 계약은 고용주와 고용인 사이의 고용 계약의 일종으로, 고용주는 고용주에게 최소한의 노동 시간을 제공할 의무가 없다.
	연 단위 근무 (Annualized hours)	직원은 1일 또는 1주 근무패턴을 변경하는 동시에 1년 동안 근무할 총 시간을 정할 수 있다. 직원이 근무하기로 계약된 시간은 1년의 대부분을 차지하는 정해진 교대 조와 짧은 시간에 직원에게 작업을 요청할 수 있는 할당되지 않은 교대 조와 같이 2부분으로 나뉜다.
근무지역 유연화 (Flexibility in location)	재택근무 (Telecommuting)	재택근무는 장소와 시간의 제약을 극복하기 위해 직원들이 집에서 컴퓨터와 다른 통신 장치를 사용해 근무하도록 하는 근무방식이다.
	원격 근무 (Remote working)	원격 근무는 임시 또는 영구적으로 고정사무실에서 떨어진 곳에서 업무를 수행하는 근무방식이다. 이 시스템을 구현하려면 팀원 간의 효과적인 커뮤니케이션 및 화상회의 채널에 크게 의존한다.
	핫 데스킹 (Hot desking)	직원들에게 자신의 책상을 할당받지 않는다. 그들은 고정된 사무실에 있을 때 할당된 영역 내의 책상 또는 사용 가능한 책상을 사용하지 않는 고정사무실 기반에서 벗어나 더 많은 시간을 보내는 직원이 있을 때 많이 활용하는 방식이다.
	Mobile Working	직원들은 고용주의 일터에서 떨어져 일하는데, 모바일에서 직원들은 전화나 컴퓨터로 지시를 받는다.
	호텔링 (Hoteling)	호텔링은 직원들이 전통적인 고정된 작업 공간 대신 별도의 공동 작업 공간을 예약해 활용한다.
	스노우버드 (Snowbird programs)	스노우버드는 직원들이 겨울 동안 따뜻한 지역으로 이동해 근무하도록 제공하는 프로그램이다. 예를 들어, 미국 소매 체인점인 CVS는 약사들이 겨울 동안 플로리다에서 일할 수 있도록 하는 정책을 도입했다.

근로자 복지 유형에는 다음과 같이 4가지가 있다.

〈그림 7-9〉 근로자 복지 유형

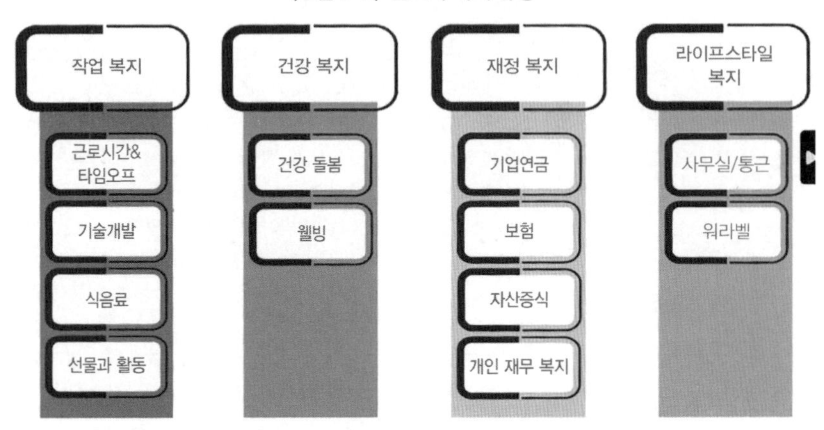

자료 : Academy to Innovative HR(2020)

세대별로 선호하는 근무유형과 복지 니즈가 다르게 나타난다. 따라서 제공되는 옵션이 각 세대별 니즈를 고르게 반영되는 것이 바람직하다.

3.3. 넛지(nudge)와 매핑(mapping)

사람들은 이용 가능한 옵션들이 많고 복잡하면 적절한 선택을 하기 위해 다양한 전략을 구사한다. 옵션이 적으면 각 대안들의 속성을 꼼꼼히 따져보고 필요한 경우 트레이드 오프를 따져보는 경향이 있다. 그런데 옵션이 많아지고 다양해지면 속성별 제거법이나 단순화 전략을 채택한다.

그럴 경우 조직은 올바른 선택을 할 수 있도록 도울 필요가 있다. 이른바 넛지가 필요하다.

넛지란 말은 주의를 환기하거나 부드럽게 경고하기 위해 (다른 사람의) 옆

구리 슬쩍 찌르기라 할 수 있다. 넛지는 선택 설계자가 취하는 하나의 방식으로서 사람들에게 어떤 선택을 금지하거나 그들의 경제적 인센티브를 크게 변화시키지 않고 예상 가능한 방향으로 그들을 행동을 변화시키는 것이다.[5] 세계에서 가장 경치가 좋은 도심 도로 가운데 하나는 시카고 레이크 쇼어 도로이다. 시카고의 동쪽 경계선인 미시간 호수를 끼고 펼쳐진 이 도로를 달리면 시카고의 장엄한 스카이라인을 만끽할 수 있다. 그러나 이 도로에는 S자 커브가 연달아 이어져 있어서 매우 위험한 구간이 있다. 운전자들이 감속표지를 보지 못해 교통사고가 잦았다.

시 당국에서는 위험한 커브가 시작되는 지점의 도로에 감속 경고 표시를 하고 도로 위에 하얀 선들을 그어 놓았다. 처음에는 선의 간격이 넓지만 가장 위험한 커브가 있는 구간에서는 그 간격이 좁아져 속도가 증가하는 느낌을 준다. 따라서 운전자들은 본능적으로 속도를 늦추게 된다.[6]

조직은 다양한 세대들이 다양한 옵션 중에서 자기 일과 삶의 균형을 이루는 데 적정한 선택을 하게 하는 매핑(mapping)을 도울 필요가 있다.

4. 제4원칙 세대 간 다양한 상호 학습으로 시너지를 내라.

4.1. 세대별 학습솔루션

개인의 학습곡선은 S 곡선 형태로 나타난다. 즉, 학습 초기에 숙련증가가 느리게 나타나다가 일정 수준에 이르면 빠르게 성장한다(hypergrowth). 그렇게 급격히 빠르게 성장하다가 증가속도가 느려지는 변곡점(이 구간을 도약기라고 함)을 거치며 결국 성장의 정점에 이른다.

존슨(Whitney Johnson)은 정점에 이르면 하락의 길로 갈 수도 있지만 새로운

S 곡선을 시작하는 도약을 이룰 수 있다고 하였다. 그것은 새로운 기능영역의 기술 집합으로 영역을 넓히거나 이동함으로써 달성할 수 있음을 의미한다.

이러한 S-곡선 프레임워크는 찰스 핸디가 1990년대 중반에 라이프사이클 사고 또는 "시그모이드 곡선(sigmoid curve)"이라는 이름으로 조직과 개인의 발전에 처음 적용했다.[7]

존슨은 하버드 비즈니스 리뷰 2012년 9월호 기사에서 S-곡선을 사용하여 새로운 전문 분야의 역량 개발, 즉 전문적 학습의 본질에 관해 설명하고 있다.[8]

〈그림 7-10〉 S-곡선

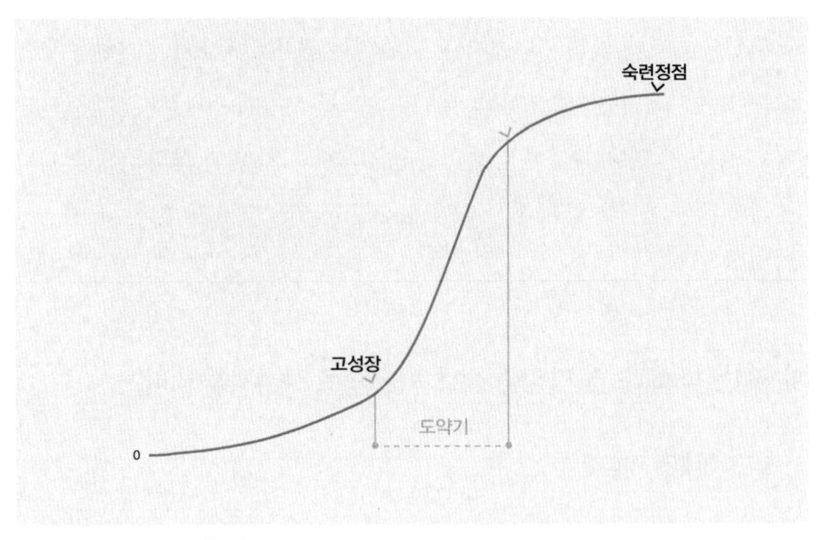

자료 : McKinsey & Company(2019)

전문가들은 한 S-커브에서 다른 S-커브로 성공적으로 탐색할지를 결정하는 네 가지 요소를 식별했다. 체계적인 교육훈련, 능력개발 기회, 순환배치 및 직업현장체험(job shadowing), 네트워킹 및 멘토링 기회이다. 이러한 기회를 통해 전문적인 성장의 기회를 갖고 동기부여가 되는 보상과 연계된다.

조직의 학습 문화는 기회와 보상의 두 가지 요소를 잘 이용할 수 있는지와 관련하여 설명할 수 있다〈그림 7-11〉. 기회와 보상이 주어질 때 '연속적인 능력개발 인재'가 되고, 기회가 주어지나 보상이 없으면 '불만족한 인재', 기회는 없으나 보상이 주어지면 '좌절한 인재'가 된다. 물론 기회와 보상이 모두 주어지지 않으면 '정체된 인재'가 된다.

〈그림 7-11〉 조직의 학습 문화 유형

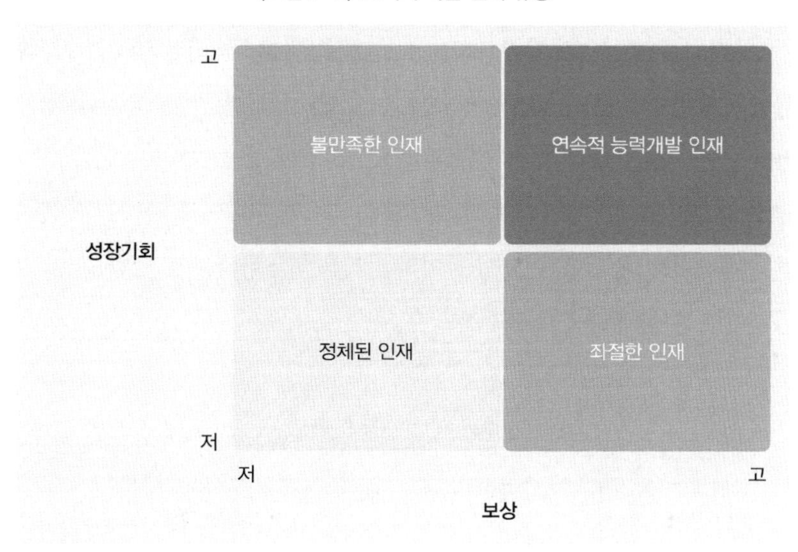

자료 : McKinsey & Company(2019)

그러나 직원이 정체되고 그 결과 업무가 어려움을 겪는 경우 기업은 조직의 인재 시스템 전반에 걸쳐 동료들과 협업하여 해결책을 찾아야 한다. 기업은 3단계로서 학습자에 대한 맞춤형 지원을 할 필요가 있다.[9]

1단계인 새로운 S 곡선의 시작단계에서는 새로운 역할의 책임에 대해 설명하고 경험이 풍부한 라이브 워크숍과 몰입형 시뮬레이션을 통해 그 책무를 실천할 기회를 제공한다. 단순히 새로운 기술을 습득시키는 것이 아니라 사고방식과 정신 모델을 변화시켜야 한다.

2단계인 S 곡선의 상승기에서는 하위 기술수단을 포함한 다양한 방법으로 행동을 변화시키는 전술을 사용할 수 있다. 학습자에 대한 직접 지원뿐만 아니라 관리자로부터 더 높은 수준의 코칭과 리더십 등 비공식 학습생태계를 강화해야 한다. 또한, 자신의 강점을 역할요구에 어떻게 부합시킬지를 경험하게 해야 한다. 한편, 다른 사람들의 피드백을 수집하고 공식적인 검토를 보완하는 실행계획을 수립하는 데 도움이 되는 도구를 제공해야 한다.

3단계인 S 곡선 정체기 및 제2의 S 곡선 준비기에는 다양한 성장 단계를 지원하기 위해 짧은 S-곡선(예: 6개월 또는 1년)을 통해 더 긴 기간(예: 5년)을 커버하는 S-곡선을 구축할 수 있도록 해야 한다. 이러한 학습 여정은 그룹 학습 프로그램과 개별 맞춤형 학습솔루션을 혼합한 것이어야 한다. 이러한 전략은 한 S-곡선과 다음 S-곡선 사이의 간격을 최소화하고 그 전환을 최대한 원활하게 하는 데 도움이 된다.

〈그림 7-12〉 더블 S-곡선

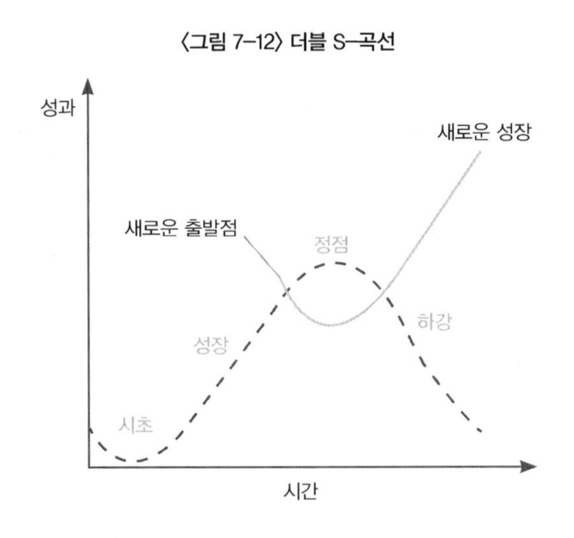

각 세대는 학습방법 선호도, 학습수단의 숙달도, 학습의 비용과 기대수익 등이 다르다. 그러한 특성을 반영하여 학습효과가 높게 나타나도록 설계하고 운영하여야 한다.

4.2. 세대별 지식 전수 관행

세대 간에 서로 다른 학습 스타일이나 선호도를 고려해 지식을 다른 세대 간에 다음과 같은 작업을 수행하여 효과적으로 전달할 수 있다(Susan Milligan, 2014).

(1) 멘토링과 리버스 멘토링(Mentoring and reverse mentoring)

고령 직원과 젊은 직원 두 명의 직원을 짝을 이루게 하여 서로 경험과 기술 지식을 공유하게 한다. 소셜 미디어 등에 능숙한 젊은 직원은 고령 직원에게 그러한 기술을 가르칠 수 있고, 고령 직원은 고객서비스나 인력관리와 같이 경험이나 학습된 기술을 필요로 하는 지식이나 조언을 제공할 수 있다.

비스타지(Vistage)에서는 '팔(pal)' 프로그램으로 조직 내에서 비슷한 수준의 직원들을 매칭하여 두 사람이 서로를 튜터뿐만 아니라 사운드 보드로 사용할 수 있도록 한다. 세리디안(Ceridian)에서는 젊은 직원들이 직무를 배우는 것을 돕는 '버디' 프로그램(buddy program)이 있다. 오토데스크(Autodesk)는 고령 직원들이 젊은 직원들로부터 배울 수 있도록 리버스 멘토링 프로그램(reverse-mentoring program)을 사용한다.

(2) 단계적 퇴직(Phased retirement)

퇴직이 가까워지면 직원들은 그들의 근무시간을 파트타임으로 줄이고 기존의 복지혜택을 누리면서 퇴직으로의 전환을 준비한다. 6,000명의 직원을 거느린 미국 미시간주 가구 제조업체 허먼 밀러(Herman Miller)에서는 직원들은 실제 퇴직일보다 2년 일찍 퇴직 절차를 시작할 수 있으며, 퇴직이 다가옴에 따라 근무시간을 단축한다. 이를 통해 직원들은 자신의 지식과 기술을 다른 직원들에게 천천히 전수하는 동시에 일을 쉽게 끝낼 수 있다.

(3) 경력 경로(Career pathing)

전통주의자들과 베이비부머들은 하위 직급의 가장 낮은 포지션부터 더 많은 책임과 기술을 필요로 하는 상위 역할까지 가는 전통적인 '사다리(ladder)' 구조의 경력 경로 모델(career path models)에 익숙하다. 그러나 X세대와 Y세대는 직원들이 매우 다른 역할과 책임 수준을 오락가락하는 나선형 또는 웹과 같은 경로에 더 끌릴 수 있다.

㈜세리디안(Ceridian)에서는 각 부서의 직책에 대한 진로를 매핑하고 모든 직원과 정보를 공유한다. 이를 통해 직원들이 향후 특정 직책으로 이동하기를 원할 경우 명확한 계획을 수립할 수 있다. 그러고 나서 각 직원들은 그들을 안내하는 것을 도와줄 멘토를 정한다.

(4) 직업현장체험 및 직무순환(Job shadowing and job rotation)

영국 브렌트포드에 본사를 둔 글로벌 건강 관리 회사 GSK(Glaxo Smith Kline)는 직무순환 프로그램과 인턴십 프로그램을 운영한다.

GSK는 퓨처 리더스 프로그램(Future Leaders Program)의 일환으로 수백 명의 새로운 대학 졸업생을 다양한 부서에 합격시켰다. 신입직원과 재직직원 모두 지원할 수 있다. 이 프로그램은 직원을 2년 또는 3년마다 다른 부서로 이동시킨다.

GSK는 별도의 인턴십 프로그램도 제공하고 있으며, 참가자가 수료하면 '미래 리더 프로그램(Future Leaders Program)'에 지원할 수 있다.

4.3. 시너지 효과와 링겔만 효과

철새인 기러기는 계절이 바뀌면 먹이를 찾아 이동하는데 1년에 보통 1만 ㎞ 정도 장거리 비행을 한다. 이러한 장거리 비행을 할 때 기러기는 V자 대형으로 날아간다. 가장 선두에 있는 기러기가 공기의 저항을 가장 많이 받는 대신 뒤에 있는 기러기들은 혼자 날 때 보다 공기의 저항을 70% 이상 덜 받는다. 그래서 그들은 선두에 날던 기러기가 지치면 뒤에 있는 기러기와 위치를 교대해 지친 체력을 보충한다.

이처럼 두 개 이상의 요소들이 서로 상호작용을 하면 그 효과는 개별 요소들의 합 보다 커진다. 우리는 이러한 현상을 시너지 효과(Synergy effect)라고 한다.

1913년에 막스 링겔만(Max Ringelmann)은 줄다리기 실험을 하였다. 이 실험은 한쪽 끝에는 힘을 측정하는 장치를 설치하고 반대쪽에는 실험참가자들이 줄을 당겨서 힘을 측정한다. 실험참가자들은 1명, 2명, 4명, 8명 등 인원수를 계속 늘려가면서 줄을 당긴다. 실험결과 1명이 당길 때는 1인당 힘의 100%로 줄을 당기지만, 2명일 때에는 93%, 4명일 때에는 77%, 8명일 때에는 49% 수준으로 1인당 당기는 힘이 감소한다는 것을 알게 되었다.

이처럼 집단에 속하는 개인의 수가 증가할수록 성과에 대한 1인당 공헌도는 저하된다. 우리는 이러한 현상을 링겔만 효과(Ringelmann effect)라 한다.

세대 간 상호 학습 시에는 링겔만 효과보다 시너지 효과가 크게 나타나도록 운영하여야 한다.

5. 제5원칙 세대별 역량과 주도성을 인정하라.

5.1. 다세대 팀과 세대별 역량

다세대 팀이 잘 협력할 경우 조직 전체가 얻을 수 있는 여러 가지 이점이 있다. 긍정적이고 포용적인 업무 문화는 채용, 유지 및 수익성을 향상시킴으로써 비즈니스 성공을 이끌 수 있다.

① 팀은 모든 연령대의 재능 있는 사람들을 끌어들이고 붙잡을 수 있다.

② 팀은 더 유연하다.

③ 팀의 구성원들은 다세대 시장을 반영하기 때문에 더 큰 시장 점유율을 얻고 유지할 수 있다.

④ 결정은 다양한 관점을 가진 광범위한 기반이기 때문에 더 강하다.

⑤ 팀은 더 혁신적이고 창의적이다.

⑥ 팀은 다양한 대중의 요구를 충족시킬 수 있고 더 효과적으로 관계를 맺을 수 있다.

포용적이고 조화로운 일터를 구축하기 위해서는 직원들이 다양한 세대의 동료들과 효과적으로 일할 수 있어야 한다. 포용적이고 조화로운 인력을 육성하기 위해 직원들이 보여야 할 주요 역량과 행동은 〈그림 7-13〉에 요약되어 있다.

즉, 자기 인식(Self-awareness), 타인의 니즈 파악(Appreciating needs of others), 커뮤니케이션, 유연성 및 적응성(Flexibility and adaptability), 자기계발(Developing self)이 필요하다.

〈그림 7-13〉 세대별 요구역량과 행동

자료 : Singapore National Integation Working Group for Workplace(2012)

이러한 5가지 범주의 행동 지표에 대한 자세한 내용은 〈표 7-7〉에 나타나 있다.

〈표 7-7〉 다세대 팀에서의 작업역량

역량 영역	행동 지표
자기 인식(Self-awareness): 자신을 이해하는 능력과 자신의 인식과 태도가 다른 사람들에게 미치는 영향	- 자신의 행동 스타일, 신념 및 태도를 조사 - 감정을 적절하게 표현하고, 타인에게 부당한 문제를 일으키지 않도록 함 - 반응하기 전에 자신의 부정적인 감정에 대해 생각하기 - 경험을 통해 반영하고 학습하기 - 타인에 대한 긍정적인 태도를 보여줌
타인의 니즈 파악 (Appreciating needs of others): 다양한 세대/세대별 스타일 및 가치에 대한 인식, 다양한 팀의 차이를 이해하고 수용하는 능력	- 공감을 표현하고 다른 사람의 관점에서 사물을 보기 - 동료를 알기 위해 솔선수범하기 - 타인의 관점을 형성하는 사회적, 심리적, 문화적 힘을 이해 - 다양한 배경, 가치관, 신념의 사람들을 평가하고 존중할 수 있음 - 사람을 공정하게 대하는 것이 능력과 배경에 따라 다르게 대우하는 것을 의미할 수 있다는 것을 알고 있음 - 상대방의 감정에 유의하고 그에 따라 대응 - 작업장에서의 포괄성에 대한 일반적인 이해를 반영하는 행동에 참여
커뮤니케이션: 다양한 팀을 상대할 때 민감하고 효과적으로 의사소통하는 능력	- 필요에 따라 배경과 변화가 다른 사람과 작업할 때 자신의 커뮤니케이션 스타일을 검토 - 자신의 감정을 타인에게 민감하게 전달 - 어려운 사람과 상황에 직면했을 때 효과적으로 소통하기 위해 몰입
유연성 및 적응성 (Flexibility and adaptability): 문제를 해결할 때 창의성을 발휘하고 다양한 그룹의 사람들과 일할 때 적응력을 발휘	- 다양한 그룹과 함께 작업할 때 작업 스타일과 속도에 대한 기대치를 조정 - 소수자의 스트레스에 민감 - 다른 사람들이 그 조직에 제공하는 이점을 공개적으로 가치화 - 상대방의 감정을 감지하면 그에 따라 커뮤니케이션 스타일을 조정

역량 영역	행동 지표
자기 계발(Developing self): 다른 다양한 그룹에 대해 배울 기회를 찾는 능력과 의지 그리고 다양한 팀에서 자신을 적절하게 수행하는 것을 배우는 것	– 새로운 가치, 태도, 감정에 대해 배울 수 있는 열린 자세 – 조직과 그로 인해 영향을 받는 사람들의 이익을 위해 자신의 행동 패턴을 기꺼이 변화하는 것 – 타인의 관점을 이해하고 학습 및 개발할 올바른 기회를 모색하기 위해 피드백을 요청하는 적극적인 단계 수행 – 서로 다른 배경을 가진 사람들과 함께 일하는 것을 상호 학습의 기회로 간주

5.2. 팀 구성원의 핵심역량과 업무 스타일

팀원들의 핵심역량과 업무 스타일을 알아야 팀워킹의 성과를 높일 수 있다. Live Career의 2023년 미국 직장인 1,000명 대상 조사에서 각 세대별로 가장 큰 역량으로는 베이비붐 세대는 논리적 사고, X세대는 문제 해결 능력, 밀레니얼 세대는 의사소통 능력, Z세대는 일반적인 컴퓨터 활용 능력을 선택했다.

〈표 7-8〉 세대별 핵심역량

베이비부머	X세대
1. 논리적 사고	1. 문제 해결 기술
2. 리더십 기술	2. 커뮤니케이션
3. 대중 연설	3. 일반적인 컴퓨터 사용능력
4. 문제 해결 기술	4. 논리적 사고
5. 커뮤니케이션	5. 리더십 기술
밀레니얼 세대	**Z세대**
1. 커뮤니케이션	1. 일반적인 컴퓨터 사용능력
2. 문제 해결 기술	2. 대중 연설
3. 일반적인 컴퓨터 사용능력/소셜 미디어 기술	3. 커뮤니케이션
4. 분석적 사고	4. 리더십 기술
5. 리더십 기술	5. 코딩/문제 해결 기술

팀 구성원이 취하는 업무 스타일은 다음과 같이 4가지로 유형화할 수 있다.

첫째, 논리적(logical) 스타일이다. 그들은 확고하고 근면하다. 장애물을 살펴보고 그것을 분석하여 논리적이고 잘 구성된 해결책을 생각해 독특하고 비전 있는 작업을 만드는 데 능숙하다. 그러나 의사소통이 원활하지 못하고 관리가 쉽지 않아 더 많은 협력적인 작업에 어려움을 겪을 수 있다.

둘째, 지원적(Supportive) 스타일이다. 그들은 정서적으로 지능적이고, 갈등을 중재하는 데 능숙해 협력을 촉진하는 데 탁월하다.

그러나, 주의가 산만해질 수 있고, 어려운 결정을 내리는 결단을 잘 못 한다.

셋째, 디테일 지향적(Detail-oriented) 스타일이다. 그들은 매우 꼼꼼하게 일을 처리하고 사려 깊으며 위험을 최소화하기 위한 질서와 안정성을 제공한다.

그러나, 천천히 일하고 지나치게 세부 사항에 집중해 큰 그림을 보지 못한다. 또한, 너무 빠르게 소진과 피로를 경험할 수 있고, 프로젝트 진행을 지연시킬 수 있다.

넷째, 아이디어 지향적(Idea-oriented) 스타일이다. 그들은 큰 그림을 가지고 팀원들이 틀 밖에서 꿈을 꾸도록 영감을 준다. 그래서 팀에 변화를 촉진시키는 데 효과적이다. 그러나 구조화되지 않거나 세부 정보가 무시될 수 있으며 후속 조치에 실패하는 경우가 많다.

이상에서 설명한 4가지 유형의 특성을 요약하면 다음과 같다(NIGARA Institute, 2023).

〈7-9〉 팀 구성원 업무 스타일의 유형별 특성

논리적(logical) 스타일	지원적(Supportive) 스타일
분석적인(Analytical)	공감적인(Empathetic)
추진력 있는(Driven)	외교적인(Diplomatic)
집중적인(Focused)	감성 지능적인(Emotionally Intelligent)
합리적인(Rational)	사교적인(Sociable)
체계적인(Methodical)	유용한(Helpful)
목표 지향적인(Goal-Oriented)	표현적인(Expressive)
디테일 지향적(Detail-oriented) 스타일	**아이디어 지향적(Idea-oriented) 스타일**
꼼꼼한(Meticulous)	전략적인(Strategic)
조직적인(Organized)	공상적인(Visionary)
체계적인(Methodical)	야심 있는(Ambitious)
믿을만한(Reliable)	영향력 있는(Influential)
부지런한(Diligent)	회복력이 있는(Resilient)
조심스러운(Careful)	매력적인(Compelling)

세대별로 직장에서의 성공을 정의하는 방식이 다르다. 베이비붐 세대는 오랜 시간 디테일하게 일을 해야 성공한다고 본다. 이와 대조적으로 밀레니얼 세대는 혁신과 유연성을 갖고 일을 해야 직장에서 성공한다고 본다. 성격적 특성을 기준으로 일하는 스타일을 분석한 연구는 많으나 세대를 기준으로 일하는 스타일을 분석한 연구는 아직 없다.

팀의 성과를 잘 내기 위해서는 각 세대가 다른 세대의 역량과 업무 스타일을 존중하면서 업무 내용에 따라 세대별 인력을 유연하게 구성해 운영하여야 할 것이다.

5.3. 6가지 생각의 모자(The Six Thinking Hats)

여러 세대가 모여서 구성된 팀에서 어떤 의사결정을 할 때 Edward de Bone의 6가지 생각의 모자는 큰 도움이 될 수 있다.

6가지 생각하는 모자는 다양한 세대로 이루어진 팀에서 여러 가지 방법으로 활용될 수 있다. 첫째, 리더와 회의 진행자는 회의 유형, 문제 또는 당면한 상황에 따라 어떤 유형의 모자를 쓴 사람이 참여해야 할지 생각할 수 있다. 둘째, 리더는 이 프레임워크를 사용하여 팀이 복잡한 문제를 완전하게 분석해 솔루션을 도출하도록 할 수 있다.

6가지 색깔의 모자는 다음의 특성을 나타낸다.

Green Hat(creativity) : 녹색 모자를 쓴 사람은 새롭고 혁신적인 아이디어를 창출하는 데 강한 사람이다. 이 사람은 문제에 대한 창의적인 솔루션을 개발해야 하지만 때로는 앞으로 나아갈 길에 초점을 맞추는 데 어려움을 겪을 수 있는 상황에서 가치가 있다.

Red Hat(feelings) : 빨간 모자를 쓴 사람은 생각하는 과정에 감정을 강력하게 통합하는 사람이다. 이 사람은 주로 직감으로 결정을 내린다. 그들은 또한 다른 사람들이 결정에 감정적으로 어떻게 반응할 수 있는지 예리하게 인식하는 경향이 있다. 반면에 그들은 논리적으로 문제를 보는 데 어려움을 겪을 수 있다.

Blue Hat(control) : 파란 모자를 쓴 사람은 프로세스 중심의 사람이다. 이 사람은 일반적으로 팀을 순조롭게 유지하기 때문에 훌륭한 회의 진행자 또는 프로젝트 관리자가 된다. 이 사람은 일반적으로 특정 시간에 어떤 유형의 사고 모자가 필요한지 결정하고 사람들에게 특정 모자를 쓰도록 지시하는 사람이다. 이들은 행동 지향적이므로 다른 사고 과정에 참여하기 위해 속도를 늦추는 데 어려움을 겪을 수 있다.

Black Hat(negative) : 검은 모자를 쓴 사람은 비판적인 눈으로 사물을 보는 사람이다. 이 사람은 발생할 수 있는 위험을 식별하는 데 매우 강하다. 잠재적인 함정을 식별하여 계획을 더 강력하게 만드는 데 도움이 되기 때문에 프로젝트 계획수립 과정에 참여시키는 것이 좋다. 그러나 이들은 필요한 위험을 감수하는 것을 꺼릴 수 있다.

Yellow Hat(positive) : 노란 모자를 쓴 사람은 긍정적인 눈으로 사물을 보는 사람이다. 이들은 스트레스가 많은 시기에 팀의 사기를 유지하는 데 도움이 된다. 일반적으로 노란 모자를 쓴 사람과 검은 모자를 쓴 사람이 함께 일을 할 때 문제 해결에 대한 균형 잡힌 해결책을 제시한다.

White Hat(facts) : 흰색 모자를 쓴 사람은 사용 가능한 데이터를 분석하는 의사결정을 돕는 사람이다. 이들은 녹색 모자 사상가와 잘 어울린다. 예를 들어, 녹색 모자를 쓴 사람이 새로운 아이디어나 솔루션을 제시할 때 흰색 모자를 쓴 사람이 솔루션을 지원하는 데이터를 찾을 수 있다. 흰색 모자를 쓴 사람은 빨간색 모자를 쓴 사람 반대편에 서거나 그들의 직관과 감정을 기꺼이 수용함으로써 더 강해질 수 있다.

모자를 사용할 때 사용법은 다음과 같다.

첫 번째, 시작과 끝에 파란색 모자를 사용한다.

두 번째, 파란색 모자는 보통 진행자가 착용한다.

세 번째, 필요할 때마다 아무 모자나 사용할 수 있다.

네 번째, 모자는 연속적으로 두 개, 세 개, 네 개 이상 사용할 수 있다

다섯 번째, 연속적인 사용순서는 사전에 설정될 수도 있고 진화될 수 있다.

여섯 법째, 모든 모자를 반드시 사용할 필요는 없다.

일곱 법째, 각 모자를 사용하는 시간을 정한다(일반적으로 짧은 시간)

여덟 번째, 집중력을 유지하기 위해 모자를 쓴 각 개인을 규율할 필요가 있다.

아홉 번째, 실행(플레이)의 요소를 추가할 수 있다.

열 번째, 개인 단위로 또는 그룹 단위로 사용할 수 있다.

활용목적에 따라 모자를 연속적으로 사용하는 조합을 달리해야 한다.

예를 들어, 디자인 목적이라면 blue → green → red → blue, 평가 목적이라면 blue → yellow → green → blue, 신중한 판단이라면 blue → white → black → red → blue이라야 한다.

5.4. 사회적 비교편향과 더닝 크루거 효과

만약에 어떤 젊은 연구자가 세계를 뒤흔들만한 논문을 학술지에 제출한다면 어떤 일이 일어날까? 편집위원이자 세계적인 학자들은 자신들이 지금까지 누려온 명성이 위태로워질까 봐 전전긍긍할 수 있다. 그래서 이 논문에 대해 더 엄격하게 심사할 가능성이 크다. 이러한 현상을 사회적 비교편향(Social Comparison Bias)이라고 한다. 사회적 비교편향은 자신의 사회적 서열을

위협할 만큼 뛰어난 사람에게 질투와 경쟁심을 느끼는 것을 말한다.

더 나은 재능을 가진 사람을 가까이하지 않는다면 머지않아 실패자로 가득한 조직에 남게 될 것이다. 능력이 없는 사람이 잘못된 결정을 내리고 자신의 실수를 알아차리지 못하는 더닝 크루거 효과(Dunning Kruger Effect)에 빠지는 것이다(롤프 도벨리, 2013).

물리학자인 아이작 뉴턴은 흑사병으로 대학이 잠시 문을 닫자 고향으로 내려가 천문학, 수학, 물리학 등을 연구하였다. 그리고 개학하자 대학으로 돌아와 자신의 스승이던 아이작 바로우에게 연구결과를 보여주었다. 그것을 본 바로우 교수는 주저 없이 자신의 교수직을 내던지고 그 자리에 제자인 뉴턴을 채용하게 하였다.

자신보다 더 나은 재능을 가진 다른 세대를 보면 그를 아낌없이 지원해주어야 한다. 단기적으로 보면 자신의 위치가 위태로워지겠지만 장기적으로는 이득이 된다. 왜냐하면, 뒤를 따라오는 사람들은 언젠가 자신을 추월하게 되기 때문이다. 그렇게 되기 전까지 그들과 원활한 관계를 유지하면서 배울 수 있다.

6. 제6원칙 변화를 받아들이도록 유도하라.

6.1. 변화관리 5단계 및 대응유형

기성세대는 변화를 싫어하고 젊은 세대는 변화를 통해 성장한다는 고정관념이 있다. 하지만 이는 부정확한 가정이라 할 수 있다. 일반적으로 모든 세대의 사람들이 변화에 불편함을 느끼고 변화에 따른 피로를 경험한다.

변화에 대한 저항은 나이와 무관하다. 그것은 누군가가 변화와 함께 얼마나 많은 것을 얻거나 잃어야 하는지에 관한 것이기 때문이다.

〈그림 7-14〉은 전형적인 인간의 변화과정을 보여준다. 현재 상태를 유지하다 혼란의 시기가 오면 생산성이 떨어지기 시작한다(아랫쪽 곡선). 혼란의 길이와 강도는 변화에 대한 태도와 관리방법 등에 따라 영향을 받는다. 전체적으로 변화관리를 할 경우 혼란의 길이는 단축되고 그 강도도 낮아진다(위쪽 곡선).[10]

〈그림 7-14〉 변화관리 프로세스

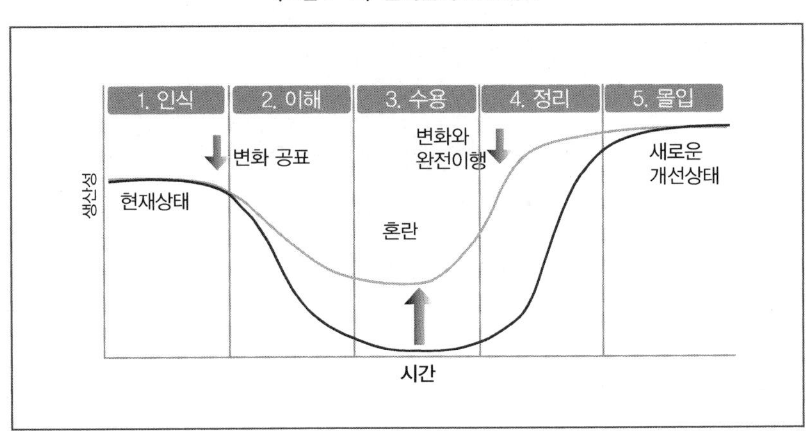

자료 : Karen Beaman(2012)

코로나19 이후의 작업환경 변화에 대한 직원들의 행동과 태도를 바탕으로 직원들을 군집화하면 세 가지 그룹으로 분류할 수 있다(Deloitte, 2021).

첫째, SURFERS이다. 직장환경의 변화가 오래 지속되는 것을 보고 직장 내 대인관계의 악화를 우려하는 직원들이다.

둘째, GROUNDED이다. 직업에 큰 변화가 없을 것으로 예상하거나 미래의 근무환경에 대해 큰 우려를 하지 않는 직원들이다.

셋째, JUGGLERS이다. 변화가 다가오는 것을 보고 미래 노동시장에서 생존할 수 있는 능력에 대해 우려하는 직원들이다. 그들은 증가하는 불안과 기회의 감소를 두려워한다.

이 그룹들은 특정 연령대로 집중화되어 있다. 그라운드(GROUND)는 나이가 많고, 주로 대기업의 행정직이나 기술직에 종사한다. 이에 비해 저글러(JUGGLER)는 나이가 젊고 소매업종과 서비스업종의 중소기업에서 영업직과 서비스직에서 주로 일을 한다.

이러한 행동 및 태도 렌즈를 통해 직원을 바라보는 것은 더 의미 있다. 그룹별 특성을 이해하고 가능한 개입전략을 세워야 보다 역동적인 조직을 만들 수 있다. 예를 들어, 그라운드(GROUND)의 직원들은 새로운 기술과 능력을 개발할 필요성을 덜 느낀다. 만약에 조직이 이러한 직원들을 숙련시키기를 원한다면, 새로운 능력개발의 필요성을 전달하려는 노력을 적극적으로 해야 한다.

6.2. 세대별 변화적응 유형

각 세대들이 자라온 다양한 환경은 변화에 적응하는 방법에도 영향을 미쳤다. 〈표 7-10〉은 각 세대가 가진 변화에 대한 관점, 커뮤니케이션 선호도, 보상과 인정 및 동기부여에 대한 특징을 보여준다.

〈표 7-10〉 세대별 변화관점 및 커뮤니케이션 스타일

구분	전통주의세대	베이비부머	X세대	Y세대
변화의 관점	끝내다	창조하다	당신에게도 도움이 되게 한다	신속하게 할 필요가 있다
팀워킹 스타일	개인적	팀 플레이어	개인적	참여적
커뮤니케이션 스타일	대면, 정식 보고서, 다이얼 전화기	전화, 이메일, 버튼식 전화기	직접적/즉각적, 휴대폰 문자 메시지, 스마트 폰	인스턴트 메시징, 소셜 네트워크, 인터넷 폰

구분	전통주의세대	베이비부머	X세대	Y세대
피드백과 리뷰	무소식이 희소식	인정받지 못하는	방해하기를 꺼리는	즉각적인
동기부여	경험과 권위를 존중	가치 있게 느끼고 차이를 만듦	규칙을 잊고 자신의 방법으로 진행	다른 밝고 창의적인 사람과 일함

자료 : Karen Beaman(2012)

모든 사람들은 동일한 변화의 5단계를 거친다. 즉, 인식 → 이해 → 수용 → 정리 → 몰입의 단계이다. 그러나 변화에 대한 반응이나 수용속도는 세대와 개인마다 다르다.

다음은 기업들이 각 세대에게 변화의 각 단계를 관리할 수 있는 핵심적 접근 방식을 보여준다. 정보제공 대토론, 확인 대 협업, 장려 대 코칭, 시연 대 지원 등이다.

〈표 7-11〉 세대별 변화관리 지원방식

구분	전통세대	베이비부머	X세대	Y세대
1단계(인식)	배경과 사실을 제공하여 변화에 대한 비즈니스 요구를 알린다.	질문기회를 제공하여 변화에 대한 비즈니스 요구를 논의한다.	배경과 사실을 제공해 변화에 대한 비즈니스 요구를 설명한다.	변화의 개인적 혜택과 비즈니스 혜택을 전달한다.
2단계(이해)	사람들이 변화에 적응하는 것을 돕기 위해 자원과 훈련을 이용할 수 있도록 보장한다.	공유의 의미를 창조하고 변화 후의 미래에 대한 공통의 목표를 전달한다.	미래의 그림을 그리고 변화 후의 사업목표를 묘사한다.	토론 포럼을 통해 협력하고 변화에 대한 공개 대화를 통해 협력한다.
3단계(수용)	변화 및 지원에 대한 비즈니스 요구를 강화한다.	질문을 장려하고 변화에 대한 도전에 객관적으로 대응한다.	변화의 영향과 비즈니스 이점을 노출하는 데 사람들을 참여시킨다.	코칭, 멘토링 및 변화에 대한 즉각적인 지속적인 피드백을 제공한다.
4단계(정리)	예상되는 행동, 조직의 목표, 비즈니스 결과 및 보상의 개요를 설명한다.	행동, 조직목표, 비즈니스 결과 및 보상에 대한 지원한다.	예상되는 행동, 조직목표, 비즈니스 결과 및 보상을 명확히 한다.	예상되는 행동, 조직목표, 비즈니스 결과 및 보상을 보여준다.

구분	전통세대	베이비부머	X세대	Y세대
5단계(몰입)	변화에 대한 공동 책임을 시연한다.	변화에 대한 인수, 소유권 및 책임을 강화한다.	변화에 대한 책임을 얻기 위해 원하는 행동을 모델링한다.	변화에 대한 책임을 설계하기 진행 중인 대화를 지원한다.

자료 : Karen Beaman(2012)

6.3. 티핑포인트(Tipping Point)

티핑포인트는 변화와 혁신을 조직 내에 정착시키고 확산시키는 데 중요한 역할을 한다. 티핑포인트란 임계점 또는 극적인 변화의 순간을 말한다. 또는 극적인 변화를 야기하는 특정한 사람이나 사물을 지칭하기도 한다.

이 말은 미국 북동부의 도시에 살던 백인들이 교외로 탈주하는 현상(White Flight : 백인 이주 현상)을 기술하기 위해 1970년대에 사용되기 시작한 표현이다. 사회학자들은 특정한 지역에 이주해오는 흑인의 숫자가 20%에 이르게 되면 그 지역에 있던 백인들이 한순간에 떠나버리는 것을 발견하였다. 이 경우, 흑인 비율 20%는 백인 이주의 티핑포인트라고 할 수 있다.

티핑포인트는 소수의 법칙, 고착성(stickiness)의 인자(因子), 상황의 힘의 세 가지 원칙을 가진다.

첫째, 소수의 법칙은 변화가 특별한 소수의 능력에 좌우된다는 것이다. 특별한 소수의 사람은 단지 몇 단계만 거치면 해당 조직의 거의 모든 사람들과 연결되며, 사람들을 서로 이어주는 역할을 수행한다는 것이다. 이들 특별한 소수가 변화, 혁신에서 핵심적인 역할을 한다. 대표적인 사례로 사람과 사람을 잘 연결하는 수완을 가진 커넥터를 들 수 있다.

스탠리 밀그램(Stanley Milgram)은 1967년에 상호연결성에 관한 연구를 하여 발표하였다. 네브래스카주의 오마하에 사는 160명의 주민에게 그들이 알고 있는 사람을 통해 보스턴에서 일하는 주식 중개인에게 편지를 우송하라고 요청하였다. 그 결과 오마하에서 보스턴의 주식 중개인까지 평균적으로 5.5단계를 거쳐 편지가 전달되었다. 그중 절반가량이 제이콥스, 존스, 브라운이라는 세 사람을 통해 연결되었다. 이런 사람들이 바로 커넥터라고 할 수 있다.

둘째, 변화와 혁신의 내용을 사람들의 뇌리에 고착시켜야 그것에 몰입할 수 있고 확산된다는 것이다. 이를 위해서는 변화와 혁신의 내용이 설득력을 가져야 하고, 다양한 방법으로 전달되어 기억에 남도록 해야 한다.

하워드 레벤탈이 실시한 '공포 실험'에서는 학생들을 대상으로 파상풍의 위험과 예방 접종의 중요성을 설명하는 책자를 제작해 나누어주었다. 이때 한 집단에 대해서는 극도의 공포심을 자극하고 다른 집단에는 낮은 수준의 공포심을 자극해서 두 집단 간에 어떤 차이가 발생하는가를 살펴보았다. 그런데, 공포심의 유발 정도와는 상관없이 실험대상 학생들 가운데 3%만이 예방 접종을 받았다.

그래서 레벤탈은 학생들에게 대학 내 보건소 건물을 중심으로 하는 지도를 나누어 주고, 주사를 맞을 수 있는 확실한 시간대도 알려주었다. 그 결과 실험대상 학생 중 28%가 예방 접종을 받았다.

학생들에게 추상적으로 학습시키지 않고 구체적인 가이드를 뇌리에 고착시키자 많은 학생들이 실제 행동(예방 접종을 받음)을 하였다.

셋째, 변화와 혁신이 이루어지는 조직의 환경, 사람, 분위기, 문화, 기술 등의 상황적 요소들은 변화와 혁신의 확산에 지대한 영향을 미친다. 따라서 상황의 힘을 적절히 이용해야 성공적으로 변화와 혁신에 이를 수 있다.

범죄학자인 제임스 윌슨(James Q. Wilson)과 조지켈링(George Kelling)은 범죄는 필연적으로 무질서의 결과라고 주장하고 있다. 낙서, 무질서, 구걸과 같은 사소한 문제들을 방치하면 나중에는 이러한 무질서가 확대되어 심각한 범죄를 불러일으킨다는 것이다. 깨진 유리창 이론(broken window theory)이라고 알려져 있다.

1980년대 뉴욕은 높은 범죄율로 악명이 높았다. 특히 뉴욕 지하철은 각종 낙서와 쓰레기 등으로 지저분하고 지하철 내 치안상태도 엉망이어서 여행객들은 뉴욕 지하철 이용을 꺼렸다. 뉴욕시는 뉴욕 지하철의 높은 범죄율을 줄이기 위해 순찰을 강화하는 것보다 지하철 낙서를 지우고 깨끗이 청소를 하였다.

이런 노력으로 2년이 지나면서 지하철 내 중범죄가 감소하기 시작했고, 1994년도에는 절반 가까이 줄어들었다.

이처럼 아무리 작은 싹이라고 하더라도 그것이 전체를 망치고 혼란 상태를 확산시키는 것은 순식간에 일어날 수 있다.

부
록

〈부록 1〉 Intergenerational Exercises[1]

1. Quick Talk

참가자들은 서로 다른 세대가 사용하는 다양한 속어나 짧은 표현을 찾는다.

① 모든 참가자가 함께 앉아 있을 때, 진행자는 어떻게 속어(slang words)가 짧은 의사소통이 될 수 있는지에 대해 간략하게 말하면서 시작하고, 좋아하는 한두 개 속어를 공유한다.

② 진행자는 참가자들이 "멋지다(wonderful)"(예 : groovy, awesome)라는 단어를 속어로 표현하도록 요청한다. 속어들이 전부 공유된 후, 진행자는 속어가 룸 안에서 각 세대에 따라 어떻게 달라질 수 있는지를 말해야 한다.

③ 아래 사례와 유사한 차트(파워포인트 또는 플립 차트)를 만들어 속어 차트를 만들기 시작한다. 참가자들이 왼쪽 열에 제시한 단어를 제공할 수 있도록 빈칸을 남겨야 한다. 참가자들은 속어를 공유하고 해당 열에 단어를 배치하기 위해 함께 작업할 수 있다. 물론, 둘 이상의 세대가 동일한 단어를 사용할 수도 있다.

④ 각 세대들이 어떻게 같은 것을 다른 단어를 사용해 말을 하는지에 대해 토론한다.

<속어 차트 샘플>

구분	전통세대	베이비부머	X세대	Y세대	Z세대
좋음/긍정적					
나쁨/부정적					
친구					
보스					
말하다/소통하다					
돈					
일					
복사하다					
(추가)					

2. Age Line

참가자들은 그들 자신의 나이와 다른 사람의 나이에 대한 그들 자신의 감정을 공유한다.

① 참가자들은 막내부터 최고령까지 언어 또는 비언어로 의사소통을 하지 않고 자신이 서 있어야 한다고 생각하는 위치에 줄을 선다.

② 참가자들에게 이름과 연령 등으로 자기소개를 하도록 요청한다.

③ 그런 다음 참가자들이 올바른(나이순으로) 위치에 서도록 다시 줄을 세운다.

진행자는 참가자들에게 다음과 같은 질문을 해야 한다.
- 직장에서 인식되고 있는 당신 세대의 강점은 무엇입니까?
- 직장에서 인식되고 있는 당신 세대의 약점은 무엇입니까?
- 당신은 당신 세대의 직원들이 직장에서 더 많이 참여하게 만드는 것은 무엇이라고 생각하십니까?
- 당신은 어떤 유형의 인정이나 보상이 당신 세대의 대부분 직원들에게 동기부여를 한다고 생각하십니까?
- 당신은 고령 직장인/젊은 직장인들의 어떤 점이 부럽습니까?
- 당신의 연령/직무/경력에서 가장 중요한 것은 무엇입니까?

④ 마지막으로, 참가자들에게 희망하는 연령에 따라 줄을 설 새로운 곳을 찾도록 요청한다. 그리고 각자가 희망하는 연령을 선택했는지 물어본다. 진행자는 연령의 의미, 연령대별 유사성, 그리고 각 연령의 장단점에 대해 토론하여 결론을 내도록 한다.

3. You, Too?

참가자들은 자신에 대한 질문에 대답하고 이러한 경험을 공유할 다른 사람들을 찾는다.

① 진행자는 미리 아래의 질문지를 인쇄하여 참가자들에게 배포하고 바로 첫째 열(양식의 YOU)을 기입하도록 요청한다.

② 참가자들은 활동 중에 룸 내를 돌아다니며 동일한 답변을 한 사람을 찾는다. 그들은 셋째 열(co-workers)에 둘 이상의 동료 이름을 넣을 수 있다. 설문지 작성은 기존 질문 중 하나에 동일하게 답하거나, 서면 질문

에는 존재하지 않는 공통점을 도출하고 빈 줄에 그것을 작성하며, 모든 참가자의 이름을 설문지의 공란에 넣음으로써 완성된다.

③ 모든 사람이 설문지를 작성한 후, 참가자들은 동료 직원과 공통점을 가지고 있는 것에 대해 놀라움을 금치 못한 내용을 공유하게 된다.

〈You, Too?〉

당신(You)	15개 궁합 아이템 (15 Match Items)	동료(Co-Workers)
	① 출생지	
	② 가장 좋아하는 소통형태	
	③ 하루 중 가장 좋은 시간	
	④ 커리어 목표	
	⑤ 자녀 수	
	⑥ 가장 선호하는 출장운송수단	
	⑦ 가장 어려운 컴퓨터 프로그램	
	⑧ 현 직장 재직 연수	
	⑨ 당신이 배우고 싶은 신기술	
	⑩	
	⑪	
	⑫	
	⑬	
	⑭	
	⑮	

〈부록 2〉 Intergenerational Games[2]

1. Ice–Breaker Games

[M&M Game]

M&M 게임은 사람들이 편안한 환경에서 서로를 알아갈 수 있게 해주는 icebreaker이다. 그것은 매우 유연해 다양한 나이와 능력에 적응한다. 각자가 M&M을 몇 개 잡아서 그 그룹에서 그 사실을 공유한다.

연령 : 모든 연령

그룹 : 3-12명

재료 : M&M의 큰 봉지 안에 다양한 색상의 사탕(예:스키틀/젤리콩)

플레이 방법 : 게임하기 위해서 그릇에 M&M이나 다른 다양한 색깔의 사탕을 부으세요. 그룹의 모든 사람들이 그 그릇에서 그들이 원하는 만큼 또는 그보다 적게 잡도록 하세요. 아무도 사탕을 바로 먹지 않도록 하세요.

그들이 가져간 각각의 M&M 사탕에 대해, 그들은 다음의 색깔에 따라 질문에 대답해야 한다. 예를 들어 색깔별로 다음을 지정할 수 있다.

- Red candy : 좋아하는 취미
- Green candy : 좋아하는 음식
- Yellow candy : 좋아하는 영화

- Orange candy : 여행하기 가장 좋아하는 장소
- Brown candy: : 가장 기억에 남거나 당황스러운 순간들
- Blue candy : 와일드카드(선택한 모든 사람을 공유할 수 있음)

당신은 그룹에 적합하다고 생각하는 어떤 질문도 선택할 수 있다. 그러면 진행자가 사탕의 색을 정하면 그 색 사탕을 가진 모든 사람은 각각 M&M당 1개의 답을 말하면서 룸을 한 바퀴 돈다. 예를 들어, 만약 당신이 빨간 사탕 두 개를 선택했다면, 당신은 그룹에서 당신이 가장 좋아하는 두 가지 취미를 말해야 한다. 그러고 나서 그/그녀는 그들의 사탕을 먹을 수 있다. 모든 색의 사탕에 대한 주제가 공유될 때까지 계속해서 룸을 돈다.

[Signature Bingo]

이 게임은 사람들이 서로 어울리고 서로에 대한 흥미로운 사실을 발견하게 하는 좋은 방법이다. 사람들은 그들의 빙고 카드에 나열된 사실들을 가진 개인들의 서명을 얻어야 한다.

일반적인 빙고의 규칙처럼, 플레이어가 자신의 빙고 시트에 가로, 세로, 대각선을 그어서 전체 열(한 열에 5)을 성공적으로 획득하면, 그/그녀는 "빙고!"라고 외친다.

나이 : 12세 이상

그룹 : 15명 이상

자료 : 미리 준비한 빙고 카드와 펜/연필.

준비 : 빙고 카드를 만든다. 이것은 박스에 재미있는 사실이 적혀있는 간단한 5×5표이다. 사람들이 그들 자신의 사실을 쓸 수 있도록 몇 개의 상자를 비워둘 수도 있다. 그 사실들은 다음과 같이 흥미롭고 유머러스하거나 심지어 기괴한 것들을 포함할 수 있다.

- 외국어를 구사한다.
- 특이한 애완동물을 가지고 있다.
- 천둥 번개를 보는 것을 좋아한다.
- 멸치를 먹다.
- 아이레스 록(Ayres Rock)에 가본 적이 있다.
- 좋아하는 색은 보라색입니다.

가능한 한 창의적이 되도록 노력하세요. 테이블 준비가 끝나면 복사본을 충분히 인쇄한다. 게임 할 준비가 되었다.

플레이 방법 : 각 플레이어에게 펜과 빙고 카드를 나눠준다. 다음 규칙과 함께 게임 방법에 대해 설명한다. 당신이 대화한 사람은 당신의 시트에 한 번 서명해도 좋다(사람들은 가능한 한 많은 사람들과 대화할 수 있도록). 모두가 준비되면, "시작!"이라고 말하고 게임을 시작하라. 일단 한 사람이 "빙고!"라고 외치면, 모든 사람이 중앙으로 돌아오고 그 사람은 자신의 시트에 서명한 사람들을 소개해야 한다. 원하는 경우 당신은 모든 사람이 자신의 사실을 설명하도록 요청할 수 있다.

2. Team Building Games

[Commonalities and Individualities]

이 게임은 모든 사람이 공통으로 가지고 있는 공통점과 그룹 내 개인의 고유한 흥미로운 특성을 파악하기 위한 그룹 팀 구성 활동이다.

연령 : 아무나

그룹 : 5~8명 (다른 세대로 구성)

재료 : 펜과 종이

플레이 방법 : 5명~8명으로 그룹을 만들고 종이 두 장과 연필 또는 펜을 준다. 첫 번째 활동은 공통점으로 각 하위 그룹이 가진 공통점의 목록을 작성하게 한다. 목록을 작성하려면 하위 그룹의 모든 사용자에게 적용되어야 한다. 그러나 사람들이 쉽게 볼 수 있는 특징(예: "모두가 머리카락이 있다" 또는 "우리는 모두 옷을 입고 있다")을 쓰는 것을 피하게 한다. 약 5분이 지난 후에, 각 하위 그룹의 대변인이 목록을 읽도록 한다.

그런 다음 하위 그룹의 개인들의 절반이 다른 그룹으로 가도록 한다.

두 번째 활동은 두 번째 용지에는 그룹 내 한 사람에게만 적용되는 특징을 쓰게 한다. 각 하위 그룹은 본인 외의 각 개인에 대해 최소한 두 가지 독특하거나 개별적인 자질을 찾으려고 노력하게 된다.

5-7분이 지난 후에, 당신은 각 개인이 그들의 독특한 특징 중 하나를 말하도록 하거나, 다른 사람들이 그것이 누구인지를 추측하도록 하면서 한 사람이 하나씩 그것들을 읽게 할 수 있다(다시 말하면, 당신은 사람들이 쉽게 볼 수 있는

것들을 피하고 피상적인 것을 넘어서야 한다)

이 활동은 사람들이 처음 생각한 것보다 더 많은 공통점을 가지고 있고 단결을 증진시키기 때문에 훌륭한 팀 구성을 돕는 활동이다. 또, 사람들이 그 그룹에 자신의 독특한 것을 제공할 수 있다는 것을 느끼기 때문에 그들 자신의 고유한 특성에 대한 인식이 유익하다.

[Balloon Juggle]

이 게임은 참가자들이 함께할 수 있는 재미있는 방법이다. 이 게임은 넓은 오픈 공간뿐만 아니라 움직일 수 있을 정도의 공간만 있어도 가능하다. 그것은 홀의 실내에서 하는 것이 가장 좋다.

연령 : 누구나

그룹 : 작은 그룹 또는 짝

재료 : 풍선(분 것), 플라이 스왓(swats)

플레이 방법 : 각 개인에게 풍선과 플라이 스왓(fly swats)을 준다. 참가자들에게 플라이 스왓으로 풍선을 높이 쳐서 공중에 띄운다. 풍선을 땅에 닿지 않게 해야 한다. 참가자들에게 잠시 동안 풍선을 계속 '저그'하도록 요청한다.

이 게임은 그룹을 협력하게 한다. 사람들이 요령을 터득하면, 풍선을 더 넣어 주거나 다른 제약을 두어서 게임을 더 어렵게 한다. 예를 들어, 풍선을 연속으로 두 번 칠 수 없게 한다. 또 그 방의 각 모서리를 특정 색으로 지정함으로써 풍선을 색깔별로 분류하는 것도 큰 변화가 된다.

'출발' 신호가 있을 때, 그 그룹은 풍선을 지정된 곳으로 쳐서 움직여야 한다.

3. Communication Games

[Catching the Chicken]

이 게임은 비언어적 의사소통을 이해하도록 고안되었다.

연령 : 누구나

그룹 : 10~30명

재료 : 없음

플레이 방법:

① 그룹에서 4명의 자원봉사자의 지원을 요청한다.

② 자원봉사자 4명 중 3명의 자원봉사자들이 룸에서 나오게 한다. 그동안 그룹 내 나머지 사람들은 둥그렇게 앉으라고 요청한다.

③ 룸에 남은 자원봉사자 1명에게 둥그런 원 안으로 들어가 '헛간에서 닭을 잡는 동작을 흉내 내라'라고 요청한다. 첫 번째 자원봉사자는 이런 동작을 누구에게도 말을 할 수 없고 오직 행동으로만 표현해야 한다.

④ 진행자는 그룹 내 나머지 사람들에게 자원봉사자들이 방에 들어와 '닭을 잡는 행위'를 보고 흉내 낼 것이라고 말한다.

⑤ 진행자는 룸에서 나와 나머지 자원봉사자를 1분 간격으로 룸으로 들여 보낸다. 진행자가 그들을 들여보낼 때, 각자가 앞의 자원봉사자가 하는 것을 흉내 내라고 요청한다. 다음 자원봉사자가 들어와 1분 동안

자기 흉내를 내면 자신의 흉내는 종료된다.

⑥ 마지막 세 번째 자원봉사자가 들어가 흉내를 내면 게임은 종료된다.

⑦ 마지막 자원봉사자부터 거꾸로 한 명씩 그/그녀가 무엇을 하고 있다고 생각했는지 물어본다.

어떤 자원봉사자는 '방을 청소하고 있었다'라고 말을 할 것이고, 다른 자원봉사자는 '잃어버린 물건을 찾고 있었다'라고 말할 것이다. 또 다른 자원봉사자는 '파리채로 휘두르고 있었다'라고 말을 할지 모른다.

마지막으로 첫 번째 봉사자에게 무엇을 하고 있었는지 물어본다. 그/그녀는 '닭을 잡고 있었다'라고 말할 것이다.

[Chinese Whispers]

이 게임은 오래된 인기 게임인데 다양한 연령과 설정에 유용할 수 있다.

연령 : 누구나

그룹 : 제한 없음(다만 10~11명이 이상적)

재료 : 원형 의자(옵션)

플레이 방법 : 인원수에 따라 모든 사람들이 편안할 수 있는 적당한 형태로 배치한다. 보통 원형이나 그와 비슷한 모양으로 한다.

한 사람이 다음에 있는 사람에게 작은 소리로 귀에 단어나 구절을 속삭인다. 어떤 단어나 구절을 선택해도 된다. 두 번째 사람은 첫 번째 사람이 말한 단어/구절을 그다음 사람에게 속삭인다. 첫 번째 사람부터 시작해 마지막 사람까지 계속 이렇게 전달한다.

그리고 마지막 사람은 자기가 들은 단어/구절을 모든 사람에게 공개적으로 크게 말한다. 첫째 사람이 말한 단어/구절이 맞을 수도 있고 틀릴 수도 있다.

인원이 너무 많은 경우 여러 개의 소그룹으로 나누어 진행할 수도 있다.

미주

제1장 세대의 이해와 세대 다양성 경영

1 Johnson M, Johnson L.(2016), Signposts: Harbingers of things to come. In: Generations, Inc.: From Boomers to Linksters - Managing the Friction Between Generations at Work. New York, NY: AMACOM, pp. 6-18.

2 Kevin R. Clark(2017), Managing Multiple Generations in the Workplace, Radiologic technology, Vol. 88, No. 4.

3 Smither S.(2015), Facing generational differences: understanding is key, Vet Team Brief., pp. 45-47.

4 전통주의세대 이전에는 가장 위대한 세대(Greatest Generation, 미국에서는 1901년~1927년에 태어난 세대로 G.I.로도 불림), Z세대 이후에는 알파 세대(Alpha Generation, 2010년대 초반 이후 태어난 세대로 호주 컨설팅 기관 McCrindle Research의 2008년 설문 조사에서 유래)

5 Kevin R Clark(2017), Managing Multiple Generations in the Workplace, RADIOLOGIC TECHNOLOGY, Vol. 88, No. 4, https://en.wikipedia.org/wiki/Generation.

6 Wiedmer T.(2015), Generations do differ: best practices in leading traditionalists, boomers, and generations X, Y, and Z. Delta Kappa Gamma Bull. 82(1), pp. 51-58.

7 Eastland R, Clark K.R.(2015), Managing generational differences in radiology. Radiol Manage. 37(3), pp. 52-56.

8 Wiedmer T.(2015), Generations do differ : best practice in leading traditionalists, boomers, and generation X, Y, and Z, Delta Kappa Gamma Bull, 82(1), pp. 51~58.

9 Smither S.(2015), Facing generational differences: understanding is key, Vet Team Brief., pp. 45-47.

10 Wiedmer T.(2015), Generations do differ : best practice in leading traditionalists, boomers, and generation X, Y, and Z, Delta Kappa Gamma Bull, 82(1), pp. 51~58.

11 Buahene A.K, Kovary G.(2003), The road to performance success: understanding and managing the generational divide. http://www.ngenperformance.com/pdf/white/ManagingGenDivide.Overview.pdf.

12 Wiedmer T.(2015), Generations do differ : best practice in leading traditionalists, boomers,

and generation X, Y, and Z, Delta Kappa Gamma Bull, 82(1), pp. 51~58.

13 Charles Coy et. al.(2016), Your guide to engaging a multigenerational workforce.

14 http://en.wikipedia.org/wiki/Strauss_and_How, DEBORAH GILBURG, EMPOWERING MULTIGENERATIONAL COLLABORATION IN THE WORKPLACE, http://www. https://thesystemsthinker.com/empowering-multigenerational-collaboration-in-the-workplace/.

15 Kevin R Clark(2017), Managing Multiple Generations in the Workplace, RADIOLOGIC TECHNOLOGY, Vol. 88, No. 4.

16 AARP(2007), Leading a Multigenerational Workforce.

17 Higher Education Research Institute at UCLA(2007), press release on The American Freshman: 40 Year Trends, 1966-2006,". www.gseis.ucla.edu/heri/PDFs/PR_TRENDS_40YR.pdf.

18 Sharon Jayson(2006), Gen Y Makes a Mark and their Imprint is Entrepreneurship, USA Today.

19 MetLife Foundation/Civic Ventures(2005), New Face of Work Survey: Documenting the Desire for Good Work in the Second Half of Life.

20 Thomas Knable, Why Are Boomers Returning to College? http://adulted.about.com/cs/studiesstats1/a/boomers.htm.

21 The Center on Aging and Work/Workplace Flexibility at Boston College(2006), Older Workers' Preferences for Work and Employment, Fact Sheet. The Cornell Careers Center found that nearly half (48%) of non-retired older workers who worked "44 hours per week on aver\-age··· would prefer to work significantly fewer hours—eight hours less on average".

22 AARP, The Business Case for Workers Age 50+, 38-39.

23 Randstad USA(2006), Employee Review(34). Available at www.us.randstad.com/Review-2006%20pdf.pdf.

24 C. Kleiman(2005), Older Workers More Willing to Tackle Tech Changes, Chicago Tribune.

25 AARP, The Business Case for Workers Age 50+, pp. 42-44.

26 National Academies of Sciences, Engineering, and Medicine(2020), Are Generational Categories Meaningful Distinctions for Workforce Management?. Washington, DC: The National Academies Press., https://doi.org/10.17226/25796.dmf.

제2장 세대 다양성 사업장의 새로운 트렌드

1 Susan Hannam & Bonni Yordi(2011), Engaging a Multi-Generational Workforce : Practical Advice for Government Managers, IBM Center for The Business of Government.

2 Vivek Kundra and David Wennergren(2010), Preparing for Change in the Federal Information Technology Workforce, Chief Information Officers Council.

3 Pradipta Mukherjee and Kolkata(2009), Generational Differences Raise Productivity at Workplace, Business Standard, http://www.business-standard.com/india/news/generational-differences-raise productivity(accessed August 15, 2010)

4 Meister(2020), The 2020 Workplace, p. 194.

5 Bonni Yordi(2009), Become an Employer of Choice by Building an Engaged Workforce (MRA-The Management Association: Institute of Management Journal)

제3장 세대 다양성 경영의 영역과 핵심영역의 이론

1 Peter Han(2021), Intergenerational communication in the workplace : A critical review, Auckland University of Technology in partial fulfillment of the requirements for the degree of Master of Business studies, Tiffany Rose Morse Beskid(2022), Multigenerational communication preferences in the workplace, Franklin University in partial fulfillment of the requirements for the degree of Doctor of professional studies, Pamela Kennedy(2009), Intergenerational and peer communication in the workplace : An analysis of satisfaction and dissatisfaction, the graduate degree program in Communication Studies and the Graduate faculty of the Kansas University in partial fulfillment of the requirements for the degree of Doctor of Philosophy.

2 Chris Blauth et. al.(2011), Age-based stereotypes : silent killer of collaboration and productivity.

3 Diane Piktialis and Kent A. Greenes(2008), Bridging the Gaps, The Conference Board, pp 10-11.

4 Canada Mining Industry Human Resource Council(2012), Managing Moning's Multigenerational Work.

제4장 세대 다양성 경영의 실행 프로세스와 핵심 실행 도구

1 Generations United & MetLife Mature Market Institute(2009), Generations in the workplace.

2 Houlihan, A. (2007). How to Lead Different Generations in the Workplace

3 Central Penn Business Journal Staff (2008). Firms Fight Generations Gap. Central Penn Business Journal.

4 Randstad. (2008). The Randstad USA World of Work. Randstad North America, LP.

5 Randstad. (2008). The Randstad USA World of Work. Randstad North America, LP.

제5장 세대 친화성 진단 및 평가

1 Generations United(2009), Generations in the Workplace, MetLife Mature Market Institute, pp. 15~21.
2 Comprehensive Public Training Program(2014), MANAGING ACROSS GENERATIONS

제6장 성공적인 세대 다양성 사업장 구축사례

1 AARP(2016), Disrupting aging in the workplace.
2 AARP(2016), Disrupting aging in the workplace.
3 AARP(2016), Disrupting aging in the workplace.
4 AARP(2016), Disrupting aging in the workplace.
5 PENNA(2008), Gen Up : How the four generations work.
6 PENNA(2008), Gen Up : How the four generations work.
7 PENNA(2008), Gen Up : How the four generations work.
8 PENNA(2008), Gen Up : How the four generations work.
9 PENNA(2008), Gen Up : How the four generations work.
10 PENNA(2008), Gen Up : How the four generations work.
11 American Hospital Association(2014), Managing an Intergenerational Workforce.
12 American Hospital Association(2014), Managing an Intergenerational Workforce.
13 American Hospital Association(2014), Managing an Intergenerational Workforce.
14 American Hospital Association(2014), Managing an Intergenerational Workforce.
15 American Hospital Association(2014), Managing an Intergenerational Workforce.
16 American Hospital Association(2014), Managing an Intergenerational Workforce.
17 Singapore Ministry of Manpower(2018), Mullti-generational Workplace.
18 정순둘 외(2021), 기업 내 세대연대 사례 연구, 인문사회 21 제12권 제3호.
19 정순둘 외(2021), 기업 내 세대연대 사례 연구, 인문사회 21 제12권 제3호.

제7장 성공적 세대 다양성 사업장 구축을 위한 6가지 원칙

1 Ron Zemke et. al.(2000), Generations at Work : Managing the Clash of Veterans, Boomers, Xers, and Nexters in Your Workplace.
2 Suprateek Sarkeret. al.(2012), Managing Employees' Use of Mobile Technologies to Minimize Work/Life Balance Impacts, MIS Quarterly Executive 11(4).
3 Clark, S. C.(2000), "Work/Family Border Theory: A New Theory of Work/Family Balance," Human Relations (53:6), pp. 747-770.

4 Suprateek Sarkeret. et. al.(2012), Managing Employees' Use of Mobile Technologies to Minimize Work/Life Balance Impacts, MIS Quarterly Executive 11(4). p. 11.
5 리처드 탈러 · 캐스 선스타인 지음, 안진환 옮김(2009), 넛지, 리더스북, 21쪽.
6 리처드 탈러 · 캐스 선스타인 지음, 안진환 옮김(2009), 넛지, 리더스북, 69쪽.
7 Charles B. Handy, The Empty Raincoat(1995), Making Sense of the Future, first edition, New York City, NY: Random House.
8 Whitney Johnson(2006), "Throw your life a curve," Harvard Business Review, September 3, 2012, hbr.org. Johnson also wrote a book that discusses the topic: Disrupt Yourself: Putting the Power of Disruptive Innovation to Work, Routledge.
9 McKinsey & Company(2019), Shaping individual development along the S-curve.
10 Karen Beaman(2012), Generational Change: Change Management for the Ages Workforce Solutions Review.

부록

1 Generations United & MetLife Mature Market Institute(2009), Generations in the workplace.
2 Queensland Government Department of Communities(2015), Information Sheet Intergenerational Games. https://www.group-games.com.

참고문헌

〈외국 문헌〉

1. Alan Hatton-Yeo, Scott Telfer(2008), A guide to mentoring across generations, The Scottish Centre for Intergenerational Practice.
2. Amanda Hollana Holland(2010), Leading multigenerational teams, Alaska Department of Transportation & Public Facilities.
3. American Hospital Association(2014), Managing an intergenerational workforce.
4. Andra Taylor(2011), The wisdom of age : a handbook for mentors.
5. Anick Tolbize(2008), Generational Differences in the workplace, University of Minnesota.
6. Anna Katharina Schaffer(2023), Job satisfaction.
7. Bersin & Associates(2007), A New Organizational Learning Model: Learning On-Demand.
8. Brownell, P & Resnick, R. P. (2005). Intergenerational-multigenerational relationships: Are they synonymous?. Journal of Intergenerational Relationships, 3(1), pp. 67-75.
9. Caloline McAndrews(2011), Developing successful multigenerational leadership, Action Without Borders.
10. Campiere, A. (2019). How Gen Z communicates at work. PCMA.
11. Ceren Aydogmus(2019), Globally Responsible Intergenerational Leadership
12. Ceridian Corporation(2009), Managing across generations.
13. CHASE(2012), Managing talent in a multi-generational workforce.
14. Chris Blauth et all(2011), Age-based Stereotyped, Achieve Global.
15. Clark. S.C. (2000). 'Work/family borer theory: A new theory of work-family balance'. Human Relations. Retrieved from: Aalto Finna Database [Accessed on 5 January 2020.
16. Corita Brown, Nancy Henkin(2015), Leadership for all ages, Temple University.
17. Dan Bursch and Kip Kelly(2014), Managing the multigenerational workplace, UNC Kenam-flagler Business School.
18. Deb Blaber, Dave Glazebrook(2006), A guide to effective practice for mentoring young people, Victoria Development of Planning and Community Development.
19. Deloitte(2021), Wrong numbers-why a focus on age can mislead workforce development.

20. Diane Piktidis, Kent A. Greenes(2012), Bridging the gaps, The Conference Board.
21. Diane Thielfoldt, Devon Scheef(2011), Mentoring the gap, The Learning Café.
22. Dick Grimes(2012), Leading the multigenerational workforce, PDH Center.
23. Edward R. De La Torre(2016), The Relationship of Communication Styles of Millennial Employees with the Communication Satisfaction and Perceptions of Communicator Competence of Their Supervisors, University od Massachusetts Global.
24. Elizabeth Collins(2013), 360 degree Mentoring, Harvard Management Update, Harvard Business School.
25. EU(2005), The guide to intergenerational cooperation within enterprises.
26. Frank Wisman, Valerie Strilko(2009), Communicating across generations, University of California.
27. Gayle Ruddick(2009), Intergenerational Leadership Communication in the Workplace, Clemson University.
28. German Federal Ministry for Economic Cooperation and Development(2012), How to train trailers for generation dialogue about female genital cutting, GIZ.
29. Gerpott, F. H., Lehmann-Willenbrock, N., & Voelpel, S. C. (2017), A phase model of intergenerational learning in organizations, Academy of Management Learning and Education, 16, pp. 193-216
30. Ginny Moore et. al.(2021), Generational learning preferences, American Nurse Journal
31. Homewood Human Solutions(2012), Managing a muktigenerational workforce, Vitality(Vol. 2, No. 3).
32. Humaira Raslie & Su-Hie Ting(2020), Gen Y and Gen Z Communication Style, Estudios de Economia Aplicada Vol. 39-1, pp. 1-18.
33 Iliev. A. J. et. al.(2019), Generational difference in achieving work-life balance, MEST Journal Vol. 7, No. 1.
34. Inés Salas(2007), Team Building, WHO.
35. Jan Ferri-Reed(2014), Building innovative multigenerational teams, The Journal for Quality & Participation.
36. Jennifer Sabatini Frame, Danielle Hartmann, Kristin Mcnally(2011), The multigenerational workforce, The Boston College Center Work & Family.
37. Jessica Watson et. al.(2020), High-performance team-building in the future, Deloitte Insight, Deloittee Australia.
38. Johnson, W.(2016), "Throw your life a curve," Harvard Business Review, hbr.org. Johnson also wrote a book that discusses the topic: Disrupt Yourself: Putting the Power of Disruptive

Innovation to Work, Routledge.
39. Karen Beaman(2012), Generation change : change management for the ages, Workforce Solutions Review.
40. Karen Sladick, Patricia Haddock(2012), Leading 4 generations, LLC.
41. Kate kirkpatrick, Steve Martin, Sandi Warneke(2012), Strategies for the intergenerational workplace, Gensler.
42. Keil et al.(2007), Training manual for diversity management.
43. Kelly(2014), Understanding and leveraging generational diversity.
44. Kevin Boittin & Sandra Theys(2014), Managing Diversity of Age in an Age of Diversity, Master Thesis of Linnaeus University
45. Kristen T. Thompson(2014), Intergenerational mentoring and the benefits of mentoring for older adults, PIRE Louisville Center.
46. Leslie Drynan(2011), Communication Clash.
47. Lily Guthrie(2009), The generation of workers, The KenBlauchard Companies.
48. Lisa Bull(2013), Motivating and leading an intergenerational workforce, Ceridian.
49. Llona Dougherty(2014), The youth friendly guide to intergenerational decision making partnerships, Apathyisboring.
50. Lolita Schumacher(2015), Communicating across generations in the workplace.
51. M. Afzalur Rahim(1983), A Measure of Styles of Handling Interpersonal Conflict, Academy of Management Journal 26, no. 2, pp. 368-376.
52. McCahan(2015), S., Five models for understanding team dynamics.
53. McCahan, S. P., Anderson, M. Kortschot, P. E. Weiss, and K. A. Woodhouse(2015), "Introduction to teamwork," in Designing Engineers: An Introductory Text, Hoboken, NJ : Wiley, pp. 219-246.
54. McKinsey & Company(2019), Shaping individual development along the S-curve.
55. Marcie Pitt-Catsouphes and Michael A. Smyer(2009), The 21 Century Multi-Generational Workplace, Issue Brief 09,
56. MetLife Mature Market Institute(2009), Generations in the workplace, Generations United.
57. National Academies of Sciences, Engineering, and Medicine(2020), Are Generational Categories Meaningful Distinctions for Workforce Management?. Washington, DC: The National Academies Press
58. New Nouveau Brunswick(2010), GNB knowledge transfer guide.
59. Nhi Nguyen Hoang Yen(2020), EXPLORING GENERATIONAL DIFFERENCES IN WORK-LIFE BALANCE PERCEPTIONS OF TEACHERS IN VIETNAM, AALTO

UNIVERSITY.
60. NIAGARA INSTITUTE(2023), WORK STYLES: Definitions, Traits & Examples (+Assessment)
61. Office of Human Resource Management(2014), Managing across generations, Louisiana State University.
62. Oracle(2012), Talent retention : six technomogy-enabled best practices.
63. Paivi Korhonen, Krisztina Erdös, István Lábodi(2013), Communication and intergenerational cooperation, Wroclaw university of Economics.
64. Pamela Kennedy(2009), Intergenerational and Peer Communication in the Workplace: An Analysis of Satisfaction and Dissatisfaction
65. Patty Claghorn et all(2012), Bridging the skills gap, American Society for Training & Development.
66. Penna(2008), Gen Up : how to four generation work.
67. Perdue University.(2021), Generational Differences in the Workplace.
68. Pew Research Center(2021), labor force composition by generation.
69. Rita Rizzo(2009), Creating synergy in a four generation workplace, Society for Human Resources Management.
70. Ron Zemke, Claire Raines and Bob Filipczak(2000), Generations at work : managing the clash of Veterans, Babymers, Xers and Nexters in your workplace, Books 24X7.
71. Sarah Dinolfo, Julie S. Nugent(2010), Making mentoring work, Catalyst.
72. Singapore National Integation Working Group for Workplace(2012), Managing workplace diversity.
73. Sriprom, C., Rungswang, A., Sukwitthayakul, C., & Chansri, N. (2019). Personality traits of Thai Gen Z undergraduates: Challenges in the EFL classroom? PASAA: Journal of Language Teaching and Learning in Thailand, pp. 165-190.
74. Statnicke G.(2016), Managing generational diversity in the organization. Global Academic Society Journal: Social Science Insight, Vol. 8, No. 18, pp. 9-19.
75. Stewart, J. S., Oliver, E. G., Cravens, K. S., & Oishi, S. (2017). Managing millennials: Embracing generational differences. Business Horizons, 60(1), 45-54.
76. Suprateek Sarkeret. al.(2012), Managing Employees' Use of Mobile Technologies to Minimize Work/Life Balance Impacts, MIS Quarterly Executive 11(4). p. 11.
77. Susan A. Murphy and Claire Raines Associates(2007), Leading a multigenerational workforce, AARP.
78. Susan Hannam, Bonni Yordi(2011), Engaging a multigenerational workforce : practical advice for

government managers, IBM Center for The Business of Government.
79. Susan Milligan(2014), Capturing the Wisdom of Four Generations : How employers can leverage the skills and knowledge of workers of all ages, SHRM Magazine.
80. Susan Smith(2010), Knowledge transfer in the multi-generational workplace.
81. Team Asana(2022), 6 work styles and how to help team members discover theirs.
82. The Work Comp Experts(2019), Work-life balance: Evolving views by generation.
83. Twenge, J.M.(2010), "A review of the empirical evidence on generational differences in work attitudes." Journal of Business Psychology 25, pp. 201-210.
84. Ulrike Fasbender1 and Fabiola H. Gerpot(2022), Knowledge Transfer Between Younger and Older Employees: A Temporal Social Comparison Model, Work, Aging and Retirement, Vol. 8, No. 2, pp. 146-162.
85. Voelpel, S., Sauer, A., & Biemann, T. (2012). Career planning for mid- and late-career workers. In W. C. Borman & J. W. Hedge(Eds.), The Oxford handbook of work and aging. Oxford University Press.
86. Wrzesniewski, A. & Dutton, J.E. (2001) "Crafting a Job: Revisioning Employees as Active Crafters of Their Work". Research Gate.

https://asana.com/ko/resources/work-styles
http://en.wikipedia.org/wiki/Strauss_and_How.
https://www.niagarainstitute.com/work-styles
https://www.pcma.org/how-generation-z-communicates-work/
https://positivepsychology.com/job-satisfaction-theory/
https://pressbooks.bccampus.ca/technicalwriting/chapter/understandingteamdynamics/
https://www.researchgate.net/publication/211396297_Crafting_a_Job_Revisionin
g_Employees_as_Active_Crafters_of_Their_Work [accessed Feb 13 2020].
https://www.sfmic.com/work-life-balance-views-evolving-with-new-generations/
https://www.statista.com/statistics/1305159/perception-diversity-by-generation-workplace/
http://www.thesystemsthinker.com/empowering-multigenerational-collaboration-in-the-workplace/

〈국내 문헌〉

1. 김우성(2012), 소비자 구매 의사결정에 나타난 세대 차이, 마케팅관리연구, 제17권 제4호.
2. 롤프 도벨리(2013), 스마트한 선택들, 걷는 나무.
3. 박진선(2009), 직장 내 Y세대에 대한 오해와 Y세대 리더십, LG경제연구원.
4. 방하남 외(2010), 한국 베이비붐 세대의 근로 생애 연구, 한국노동연구원.

5. 이영민 · 임정연(2014), 순차 분석을 통한 코호트 집단별 직업이동 분석-X세대, Y세대, 베이비붐 세대를 중심으로, 제11회 한국노동패널학술대회, 한국노동연구원.
6. 이혜정 · 유규창(2013), Y세대의 일과 삶의 균형, 노동정책연구 제13권 제4호, 한국노동연구원.
7. 정경희 외(2010), 베이비부머의 생활실태 및 복지 욕구, 한국보건사회연구원.
8. 정순둘 외(2021), 기업 내 세대연대 사례 연구, 인문사회 21 제12권 제3호.
9. 최영준(2022), MZ세대의 현황과 특징, BOK 이슈 노트, 한국은행.
10. 홍기영(2019), Z세대의 등장과 기업에 주는 시사점, 대한상의 브리프.
11. 황수경(2012), 베이비붐 세대 이행기의 노동시장 변화, 한국개발연구원.

초판인쇄 2023년 9월 30일
초판발행 2023년 9월 30일

지은이 고진수
펴낸이 채종준
펴낸곳 한국학술정보(주)
주 소 경기도 파주시 회동길 230(문발동)
전 화 031-908-3181(대표)
팩 스 031-908-3189
홈페이지 http://ebook.kstudy.com
E-mail 출판사업부 publish@kstudy.com
등 록 제일산-115호(2000. 6. 19)

ISBN 979-11-6983-722-4 03320

책에 대한 더 나은 생각, 끊임없는 고민, 독자를 생각하는 마음으로 보다 좋은 책을 만들어갑니다.